टीपू सुल्तान के ख़्वाब

[नाटक]

टीपू सुल्तान के ख़्वाब

हिन्दुस्तानी (हिन्दी, उर्दू, दकनी) नाटक

मूल कन्नड़

गिरीश कारनाड

अनुवाद

ज़फ़र मुहीउद्दीन

राधाकृष्ण प्रकाशन

*[मूल कन्नड़ नाटक **टीपू सुल्तान कंडा कनसु** का अनुवाद]*

ISBN : 978-81-8361-894-6

टीपू सुल्तान के ख़्वाब

पहला संस्करण : 2019
दूसरा संस्करण : 2023

मूल्य : ₹495

प्रकाशक
राधाकृष्ण प्रकाशन प्राइवेट लिमिटेड
जी-17, जगतपुरी, दिल्ली-110 051
शाखाएँ : अशोक राजपथ, साइंस कॉलेज के सामने, पटना-800 006
पहली मंजिल, दरबारी बिल्डिंग, महात्मा गांधी मार्ग, प्रयागराज-211 001
1, अनमोल सोराबजी संतुक लेन, धोबी तलाव, मरीन लाइंस, मुम्बई-400 002
वेबसाइट : www.radhakrishnaprakashan.com
ई-मेल : info@radhakrishnaprakashan.com

मुद्रक
बी.के. ऑफसेट
नवीन शाहदरा, दिल्ली-110 032

TIPU SULTAN KE KHWAAB
by Girish Karnad
Translated by Zafer Mohiuddin

भूमिका

सन् 1996 की बात है, बीबीसी लन्दन ने भारत की स्वतंत्रता की पचासवीं सालगिरह के सिलसिले में मुझे एक रेडियो नाटक लिखने का प्रस्ताव दिया तो मेरे मन में फ़ौरन टीपू सुल्तान का ख़याल आया। वही टीपू सुल्तान जो भारत के आधुनिक इतिहास की राजनीतिक रूप से सर्वाधिक ग्राह्य और ट्रेजिक शख़्सियत रहा है। नाटक लिखने वालों को टीपू हमेशा खींचता रहा है। 'टीपू साहिब' या 'ब्रिटिश वेलॉर' नाम से एक नाटक लन्दन में 1791 में ही खेला जा चुका था। इसके बाद उसके अनेक भव्य मंचन हुए। कर्नाटक में टीपू ने हमेशा लोक-नाट्य मंडलियों को आकर्षित किया। टीपू के जीवन पर केन्द्रित तीन मंच-प्रस्तुतियाँ तो स्वयं मैंने देखी हैं जिनमें दो घुमन्तू लोक कलाकारों द्वारा पेश की गई थीं। टीपू की असाधारण शख़्सियत का पता इस बात से चलता है कि दिन के समय जहाँ वह घोड़े पर सवार होकर युद्ध के मैदान में लड़ता था, वहीं रात में अपने सपनों को एक डायरी में लिखता था जिसका पता उसकी मृत्यु के बाद ही चला। एक ही व्यक्ति में वह योद्धा भी था और रहस्यवादी भी।

बीबीसी से नाटक का प्रसारण 15 अगस्त, 1997 को हुआ और कर्नाटक नाटक रंगायन के रंगमंडल ने इसके कन्नड़ संस्करण का मंचन श्रीरंगपट्टन में टीपू के ग्रीष्मकालीन महल दरिया दौलत में, मई 1999 को टीपू की 200वीं पुण्यतिथि के मौक़े पर किया। 'टीपू सुल्तान के ख़्वाब' शीर्षक से श्री ज़फ़र मोहिउद्दीन

के निर्देशन में हिन्दी, उर्दू और दकनी में इसका पहला मंचन जुलाई, 2017 में 'कठपुतलियाँ थिएटर ग्रुप' द्वारा बेंगलुरु के चौडइया मेमोरियल हॉल में किया गया।

लेकिन जिस तरह कन्नड़ में कृत्रिम मंच-भाषा की एक परम्परा रही है, उर्दू में भी सजावटी भाषा की एक परम्परा है। उत्तर भारत के लोगों के लिए वह कुछ भी मायने रखती हो, टीपू की जुबान पर मुझे वह ठीक नहीं लगती। टीवी धारावाहिक 'द स्वॉर्ड ऑफ टीपू सुल्तान' में, जिसकी वजह से पूरे देश ने टीपू को जाना, टीपू को राजस्थान के रेगिस्तानों में घोड़ा दौड़ाते दिखाया गया है, जबकि वास्तविकता यह है कि उसका ज़्यादातर जीवन घने जंगलों और पश्चिमी घाटों पर घूमते बीता। मैं चाहता था कि अनुवाद में ऐसी कोई ग़लती न हो और संवाद किसी ऐसे व्यक्ति जैसे लगें जैसे दकन—हमारी अपनी दावणहल्ली—में पला-बढ़ा कोई व्यक्ति बोलता हो।

मुझे लगता है ज़फ़र मोहिउद्दीन इसमें सफल रहे हैं। एक तरह से दकनी की लोच और अपने अलग आस्वाद के चलते इससे उर्दू साहित्य में भी कुछ नया जुड़ेगा।

मैं ज़फ़र का शुक्रिया अदा करता हूँ और उनकी सफलता की कामना करता हूँ।

—गिरीश कारनाड

मंच पर

(प्रवेश-क्रम से)

पात्र : अभिनेता

कर्नल मेकेंज़ी : आदित्य तिवारी / वर्द्धनम डागा
हुसैन अली किरमानी : सैगनिक सिन्हा / वरुण कैंथ
कैप्टन मार्क विल्क्स : अविनाश मुड्डप्पा
सिपाही-1 : कौसर नवाज़ अफ़गान
सिपाही-2 : ऑर्नाल्ड गिंगोलुल वैपेही
सिपाही-3 : माहिर मोहिउद्दीन
ज़फ़र : निशान्थ निक / शोएब
ऑर्थर वेलेस्ली : साल यूसुफ़ / स्नेहिथ गोवडा
नदीम ख़ान : श्रीनिवास नायडू / सुयश वर्मा
टीपू सुल्तान : आशीष अथावले / विजय अशोक शर्मा
पूर्णैया : विद्या शंकर मिश्रा / शिवम कटारिया
फ़ीमेल आइडल्स (2) : अंशुलिका कपूर और रूपम मिश्रा
मैसेंजर ऑफ़ चाइना : ऑर्नाल्ड गिंगोलुल वैपेही
मीर सादिक़ : सुभाष भट्ट
ग़ुलाम अली ख़ान : इत्मियाज़ बेग
ओसमान ख़ान : हारुन कमल
फ़तेह हैदर : कौसर नवाज़ अफ़गान
मुइज़ुद्दीन : ज़ोहन ख़ान
अब्दुल ख़ालिक : अब्दुल रज़्ज़ाक़ पटेल /अयान अहमद
यंग मैन : अंशुलिका कपूर
चार्ल्स मॉलेट : अविनाश मुड्डप्पा
नाना फणनवीस : संदीप परांजपे
रुक़ैया बानू : डिम्पी फाद्हया
हसीना : रूपम मिश्रा
कमरुद्दीन : हारून कमल
हैदर अली (वॉयस) : ज़फ़र मोहिउद्दीन
हरिपंत फडके : संदीप परांजपे
रिचर्ड वेलेस्ली : माहिर मोहिउद्दीन
किर्क पैट्रिक : अविनाश मुड्डप्पा
ख़ादिम (2) : जीतेश जगादले और मोहित सोमाना
शेहरिस : माहिम, गिंगो, कौसर, स्नेहिथ, रूपम, अंशुलिका, निक, शोएब और अजीत कुमार

मंच परे

डाइरेक्टर : ज़फ़र मोहिउद्दीन
असिस्टेंट डाइरेक्टर : माहिर मोहिउद्दीन
प्रोडक्शन कोऑर्डिनेटर : लिली सिबल
लाइटिंग डिज़ाइन : प्रदीप बेलावाडी
कॉस्ट्यूम डिज़ाइन : जी.एस. जयंथी
कॉस्ट्यूम कोऑर्डिनेटर : पर्सी ख़ान और बबीता जयशंकर
मेकअप आर्टिस्ट : उमा माहेश्वर 'उमी' और रामकी
मेकअप कोऑर्डिनेटर : संदीप परांजपे
म्यूज़िक डाइरेक्टर : उस्तान फ़ैयाज़ ख़ान
सारंगी : सरफ़राज़ ख़ान
तबला : विकास नारेगल
सितार : चन्द्रकला हेगडे
सरोद : फ़राज़ ख़ान
वोकल्स (अलाप) : उस्ताद फ़ैयाज़ ख़ान
फोक सांग संग बाई : मोना जैन और उस्ताद फ़ैयाज़ ख़ान
फोक सांग कर्टसी : डॉ. अब्दुल हमीद, फोल्कलोर स्कॉलर
सेट डिज़ाइन : ज़फ़र मोहिउद्दीन, जी.एस. जयंथी और अरुण सागर
सेट कोऑर्डिनेटर : गोकुल नैयर, निक और वेंकटेश एन
स्टेज प्रॉप्स : तहसीन ज़फ़र, लिली सिबल और इशिता श्रीनिवास
बैक स्टेज : इशिता, निक, गोकुल, गिंगो, वेंकटेश और मिन्नत
दकनी डायलेक्ट कोच : इफ़्तिकार अहमद शेरिफ़
म्यूज़िक रिकॉर्डेड एट : प्रभात स्टूडियो
साउंड रिकॉर्डिस्ट : चेतन
साउंड इफ़ेक्ट्स : प्रकाश स्टूडियो
साउंड एंड म्यूज़िक मैनेजर : शाइन सन्तोष
मीडिया एंड पी.आर. : श्रीदेवी राव
लीगल एडवाइज़र : अयूब ख़ान
इवेंट डिज़ाइनर : इरफ़ान हुसैन
रिहर्सल स्पेस कर्टसी : बंजारा अकादेमी, आर.टी. नगर
फोटोग्राफ़ी एंड डाक्युमेंटशन : अहमद कमल ख़ान, अजय सिंह, अमित मेहता, नासिर ख़ान

ऐक्ट-1

दृश्य-1

मेकेंज़ी : काम कैसा चल रहा है?

किरमानी : ठीक नहीं चल रहा है।

मेकेंज़ी : क्यों?

किरमानी : इतना आसाँ नहीं। तकलीफ़ होती है।

मेकेंज़ी : जनाब किरमानी, आप हमेशा ये ही कहते हैं। अब छोड़ो ये सब—इतने सालों के बाद भी...।

किरमानी : ज़ख़्म नहीं भर रहे हैं। सच है, एक अरसा हुआ कि ख़ून और आँसू, दोनों ख़ुश्क हो गए लेकिन ज़ख़्म अभी ताज़ा हैं।

मेकेंज़ी : हाँ, मैं समझ सकता हूँ, आप उनके बहुत क़रीब थे। लेकिन आप एक मुवर्रिख़ भी हैं। आपको एक ऑब्जेक्टिविटी के साथ काम करना होगा।

किरमानी : हाँ, मेकेंज़ी साहब, यही बात आप एक अरसे से कह रहे हैं—ऑब्जेक्टिविटी, लातआल्लुक़ी का फ़ासला, लेकिन क्या ऐसा मुमकिन है?

मेकेंज़ी : अज़हद ज़रूरी है। मैं तो कहूँगा, आपका फ़र्ज़ भी है।

किरमानी : तब तो आपको मुझे इस काम से बरख़ास्त करना पड़ेगा। आप मुझे तारीख़ लिखने के पैसे दे रहे हैं, और मैं हूँ कि बीमारी का बहाना बना रहा हूँ।

मेकेंज़ी : मेरा ये मतलब नहीं था। ख़ैर, तुम्हारा कोई मुतबादिल नहीं है। तुम सठिया गए हो। अरे नासमझ, दरबार से जुड़े मुवर्रिख़ को बाज़ार से नहीं ख़रीदा जा सकता!

किरमानी : शायद आप ये सोचते हैं, बहाना बनाना भी दरबारियों की बीमारी है।

मेकेंज़ी : नहीं, मैं ऐसा नहीं सोचता, बल्कि मेरा ख़याल है, आप उनकी मौत से बहुत ज़्यादा दिलगीर हो गए हैं।

किरमानी : उनकी मौत से नहीं बल्कि जिस तरीक़े से उन्हें बरबाद किया गया।

मेकेंज़ी : अब आप इसे ड्रामाई शक्ल दे रहे हैं। हर सबूत चिल्लाकर कह रहे हैं कि उन्होंने ख़ुद अपनी मौत चाही थी।

किरमानी : हाँ, आपके लिए, ये सब कुछ शवाहिद, कुछ मुबाहसों ने किया। उन्हें ऐसा बनाया, और ये साबित भी करते हैं कि आप उन्हें ख़त्म करने में हक़ बजानिब थे। और मैं समझ नहीं पा रहा हूँ, आपके पास तारीख़ का एक पहलू है जो आपने गढ़ दिया है। फिर आप इसका दूसरा पहलू मुझसे क्यों देखना चाहते हैं?

मेकेंज़ी : हाँ; मेरी दिलचस्पी इसी दूसरे पहलू से है। हाँ, तुम कह सकते हो, ये फ़िरंगियों (यूरोपियों) की ज़हानत है, जो बात के दूसरे पहलू में ही दिलचस्पी रखते हैं और शायद यही हमारी ताक़त का राज़ भी है।

किरमानी : यहाँ तो ख़ुद को समझने के लिए पूरी ज़िन्दगी नाकाफ़ी है। मेरी सारी ज़िन्दगी उनके वालिद और उनकी ख़िदमत में गुज़री है। और अब आपके लिए काम कर रहा हूँ, जो उनके दुश्मन हैं। ये मेरे किस पहलू की निशानदेही करते हैं? दग़ाबाज़? क्या अब भी मैं भरोसेमन्द हूँ, इस बात से आप परेशान नहीं हैं? मैं खुद परेशान हूँ।

मेकेंज़ी : हमारी वफ़ादारी सिर्फ़ तारीख़ के साथ है जनाब किरमानी! अपने जज़्बात को इसमें शामिल न करें।

सिर्फ़ दलायल और हक़ीक़त पर तवज्जो दें—समझ गए न।

किरमानी : आपका मतलब याददाश्त। पर यही वो नुक़्ता है जहाँ असली दग़ाबाज़ी पाई जाती है। देखिए, मैं ये याद करने की कोशिश कर रहा हूँ कि वो अपने आख़िरी दिनों में कैसे नज़र आ रहे थे, लेकिन मुझे याद नहीं आ रहा है।

मेकेंज़ी : हाँ, ये भी इक बात है जिसे आपने नज़रअन्दाज़ किया है—उनका आख़िरी दिन।

किरमानी : मुझे हर चीज़ अच्छी तरह तफ़सील से याद है। लेकिन जो असल तफ़सील है, वो याद नहीं आ रही है। शुमालि बुर्जियों में जो कारवाने सराई है, उसमें वो ठहरे थे। वो कुछ दिन अपने सिपाहियों के साथ वहाँ ठहरकर देख रहे थे कि अंग्रेज़ उनके गिर्द फंदा कैसे कस रहे थे। बहुत शदीद गर्मी पड़ रही थी। हम बारिश की दुआ कर रहे थे ताकि गड्ढे हो जाएँ और हम पर अंग्रेज़ का हमला टल जाए। बादल घिरे हुए थे और हम खाना खा रहे थे। हमारा पसीना बहकर हमारे खाने की रक़ाबियों में बह रहा था इतने में आसमान फूट पड़ा। अंग्रेज़ों ने हमला बोल दिया। सुल्तान ने अपना हाथ धोया और खड़े हो गए। अपनी तलवार म्यान में रखी, अपनी जेब से एक लिफ़ाफ़ा निकाला और मुहरबन्द किया और मुझे देते हुए कहा, 'इसे अपने पास रखें, जब तक मैं ना आऊँ।' उसी लम्हे ये ख़बर आई—सैयद ग़फ़्फ़ार, तोप का गोला लगने से मारे गए हैं। फिर उन्होंने कुछ दुआएँ पढ़ीं और बाहर चले गए। मुझे वो लम्हा याद है, जब मैंने सोचा था कि उनका चेहरा कभी नहीं भूलूँगा, लेकिन

भूल गया। मैं जितनी भी कोशिश कर लूँ, अब मैं उस चेहरे का कर्ब कभी याद नहीं कर सकूँगा। ये तो ऐसी ग़द्दारी है...।

मेकेंज़ी : और फिर?

किरमानी : और ज़ाहिर है, उसके बाद जो कुछ हुआ, उससे मैं उस लिफ़ाफ़े को ही भूल गया। दूसरे दिन जब मुझे वो लिफ़ाफ़ा अपनी जेब में मिला तो बहुत हिचकिचाते हुए मैंने वो खोला। अन्दर एक काग़ज़ मिला जिसमें उन्होंने एक दिन पहले देखे ख़्वाब की तफ़सील लिखी थी। इसके साथ ही मेरी तारीख़ ख़तम होती है, और आपका दौर शुरू होता है।

[विराम]

मेकेंज़ी : मैंने उन्हें सबसे पहले टॉर्च की जलती–बुझती रोशनी में देखा था। उनका बदन अब भी गरम था। सोचा, ज़िन्दा हैं। वो दूसरी लाशों के अम्बार के नीचे दबे पड़े हुए थे। क़िले के वाटर गेट के पास 4 मई, 1799 की रात की ये बात थी।

दृश्य–1 समाप्त

दृश्य 2

[सेरिंगापटम की बुर्जियाँ या सिरीरंगापटना क़िला। आधी रात। उस रात घमासान लड़ाई हुई थी। मरे हुए और मरते हुए लोगों से ज़मीन अटी पड़ी थी। अंग्रेज़ सिपाही उन लाशों के ढेर में टीपू की लाश तलाश कर रहे थे। टीपू के ख़ादिम लाए गए ताकि उनकी लाश की शिनाख़्त की जाए। पर वे सिपाही ज़मीन पर बैठे ऊँघ रहे थे।]

सिपाही-1 : क्या ये उनकी है?

सिपाही-2 : हो सकता है। कोई तरीक़ा तो है नहीं कि यक़ीन से कहा जाए।

के. विल्क्स : एक फौजी जिसकी मूँछें ऊपर मुड़ी हुई हैं। गोल चेहरा है।

सिपाही-2 : हाँ, सर। हमें अच्छी तरह याद है। आप जो नक्शा बता रहे हैं, वो तो यहाँ पड़े हर हरामी का लगता है।

विल्क्स : उस काले आदमी से पूछो। पूछो उससे।

सिपाही-3 : सर! हम यहाँ अपना वक़्त बरबाद कर रहे हैं। मुझे यक़ीन है, चिड़िया कब की उड़ गई है। वो इतना बेवकूफ़ नहीं है कि भाग न निकले...

विल्क्स : *(उसकी बात को नज़रअन्दाज़ करते हुए)* उससे पूछेंगे।

सिपाही-2 : कोई फ़ायदा नहीं सर! इन सूअरों ने एक दर्जन से ज़्यादा लाशों को सुल्तान की लाश समझकर शिनाख़्त किया है। वो हमें बेवकूफ़ बना रहे हैं।

विल्क्स : वो उस तरफ़, दाएँ तरफ़ बैठे आदमी से पूछो। उससे नहीं पूछा हमने।

सिपाही-2 : अरे सुनो...तुम नहीं—हाँ, तुम।

ज़फ़र : जी हुज़ूर!

सिपाही-2 : यहाँ आओ।

ज़फ़र : जी!

सिपाही-2 : नाम क्या है?

ज़फ़र : ज़फ़र।

सिपाही-2 : ये मुर्दा क्या सुल्तान का है?

ज़फ़र : दिखाई नहीं दे रहा है...अँधेरा है।

सिपाही-2 : वो कह रहा है, अँधेरे में दिखाई नहीं दे रहा है।

विल्क्स : सही है। अभी तक टॉर्च क्यों नहीं आए? हैलो, रिकेट्स?

आवाज़ : *(दूर से)* सर!

विल्क्स : टॉर्च कहाँ हैं? हम यहाँ कुछ भी नहीं देख पा रहे हैं।

आवाज़ : शायद ला रहे हैं। रास्ते में हैं, सर!

विल्क्स : ला रहे हैं? ठीक है। फ़ौरन!

आवाज़ : *(एक लहज़ा)* शायद यहाँ कुछ मिल जाए।

विल्क्स : यहाँ भी तो मिल सकती है, भेज दो! जल्दी!

सिपाही-3 : कित्ती अजीब बात है! सारा दिन इन शैतानों से लड़ते रहे। इनको मारते रहे और फिर रात को इनकी सड़ी-सी लाशों को ढूँढ़ो। जैसे भंगी करते हैं।

सिपाही-1 : दर्जनों लोग भंगी बनकर इन लाशों को साफ़ कर रहे हैं और टॉर्च सिर्फ़ तीन हैं, बस!

आवाज़ : बहुत-सी टॉर्चें और मशालें आ रही हैं, सर!
वो देखो, कर्नल वेलेस्ली।

वेलेस्ली : *(दूर से)* हैलो कैप्टन विल्क्स!

विल्क्स : यहाँ हूँ सर!

वेलेस्ली : *(दूर से)* मार्क, तुम कहाँ हो?

विल्क्स : वाटर गेट के पास सर! क्या आप अपने साथ कुछ मशालें ला सकते हैं सर?

[कर्नल अरथर वेलेस्ली और सिपाहियों के साथ दाख़िल होते हैं, जो टॉर्च लिये हुए हैं। ये टॉर्चें तक़सीम की जाती हैं।]

वेलेस्ली : यह जगह तो जहन्नुम लगती है।

विल्क्स : ये टीपू के आदमी हैं सर, जो कभी हार नहीं माननेवाले थे। यहाँ तो क़त्लेआम हुआ है।

सिपाही-1 : हाँ, सर, यहाँ तो जहन्नुम की गर्मी है।

विल्क्स : अब बारिश हो जाए तो हालात और भी बदतर हो जाएँगे।

वेलेस्ली : बारिश के बग़ैर भी ये लाशें जल्द ही सड़ने लगेंगी। शहर में बेचैनी फैल जाएगी। सब लोग अपनों की लाशें माँगेंगे। उम्मीद करते हैं कि हम जल्द ही ढूँढ़ लेंगे। जहाँ तक इत्तला है, वो आख़िरी बार यहीं दिखाई दिया था। हम उसे जल्दी ढूँढ़ निकालेंगे, समझे?

सिपाही-3 : सर! छोटा मुँह, बड़ी बात। अगर वो बदमाश यहीं कहीं मरा हुआ पड़ा है तो उसे धूप में सड़ने छोड़ते हैं। उसकी बोटी-बोटी कुत्तों को खिलाएँगे।

वेलेस्ली : मैं तुम्हारे जज़्बात को समझता हूँ, लेकिन हम किसी भी लाश को चेक किये बग़ैर नहीं छोड़ सकते, समझे?

विल्क्स : *(हँसकर)* जी, बिलकुल, सर!

वेलेस्ली : हमें अब अगला क़दम उठाने से पहले ये तय करना है कि क्या टीपू वाक़ई मर चुका है, या कहीं छुपा हुआ

है? या फिर फ़रार हो गया है? कर्नल मेकेंज़ी यहाँ क़िलेदार के साथ पहुँचने ही वाले हैं, तब तक हमें अपना काम जारी रखना होगा।

विल्क्स : कुछ तमाशा देखना है सर? फिर सिपाही-2 से *(ज़फ़र की तरफ़ इशारा करते हुए)* इससे पूछो।

सिपाही-2 : अब देखो, इसको पहचानते हो? *(वह पास पड़ी एक लाश पर टॉर्च डालता है। ज़फ़र देखता है और रोना शुरू करता है।)*

ज़फ़र : हाँ-हाँ, यही हैं हमारे सुल्तान। यही हैं। अल्लाह, अब क्या होगा?

सिपाही-2 : वो कह रहा है, यही है सुल्तान की लाश।

विल्क्स : वो देखो बाक़ी सब दूर से सर लटकाये ख़ामोश देख रहे हैं।

सिपाही-3 : उन सब कमीनों को लात मारकर भगा क्यों नहीं देते? सब-के-सब कामचोर कहीं के!

वेलेस्ली : उनको इल्ज़ाम न दो।

विल्क्स : ठीक है, उन लाशों को भी दूसरी लाशों के साथ जोड़ दो।

सिपाही-3 : मैं तो शर्त लगाने को तैयार हूँ। टीपू यहाँ से अपनी दुम दबाकर भाग गया।

सिपाही-2 : *(हँसकर)* पहले शहर का फ़ैसला करें फिर शर्त की सोचेंगे। तब शर्त लगाने के लिए कुछ होगा।

सिपाही-3 : अब मैं इस शहर को हासिल करने के लिए और इन्तज़ार नहीं कर सकता। मैं यहाँ क़ैदी था। मैंने शहर को देखा है। सारे शहर पर सोने की वरक़ चढ़ी हुई है।

विल्क्स : बकवास के ख़्वाब देखना बन्द करो, अपने काम पर लगे रहो।

आवाज़ : *(दूर से)* हेलो! क्या कर्नल वेलेस्ली वहाँ हैं?

वेलेस्ली : *(चिल्लाते हुए)* यहाँ वाटर गेट के पास। ओह, कोलिन, तुम हो?

मेकेंज़ी : *(नदीम ख़ाँ के साथ आते हुए)* कर्नल वेलेस्ली, ये हैं क़िलेदार नदीम ख़ान—क़िले के मुहाफ़िज़।

वेलेस्ली : आपसे मिलकर ख़ुशी हुई। काश, कि हालात ख़ुशगवार होते!

नदीम : ख़ुदा की यही मर्ज़ी है।

वेलेस्ली : हम आपकी मदद के लिए शुक्रगुज़ार होंगे।

नदीम : सुल्तान की जानिब ये मेरा फ़र्ज़ है साहब। मैंने आख़िरी बार यहीं लड़ते देखा था, जैसे कोई जिन्न लड़ रहा हो!

वेलेस्ली : क्या ये मुमकिन है कि टीपू सुल्तान यहाँ से फ़रार हो गया हो?

नदीम : वो उनकी फ़ितरत नहीं है और करेंगे भी नहीं। इसके अलावा क़िले के सारे दरवाज़े अन्दर से बन्द थे। मैंने अच्छी तरह से देखा भी था। *(न वेलेस्ली, न मेकेंज़ी इस बात पर ग़ौर करते हैं)* अगर आपकी इजाज़त हो तो...*(वो टीपू की लाश तलाश करने लगता है)।*

वेलेस्ली : कोलिन महल की क्या ख़बर है? सब ठीक तो है?

मेकेंज़ी : उन्होंने ख़ुद को सौंप दिया है। किसी ने एतराज़ नहीं किया। शहज़ादों ने बाहर निकलने में कुछ वक़्त लगाया। डर के मारे काँप रहे थे बच्चे। जनरल बेरड़ बेबस हो चुके थे।

वेलेस्ली : वाक़ई! मैं अन्दाज़ा लगा लूँगा।

मेकेंज़ी : कोई ख़ास बात नहीं। वो जल्द ही ठंडे हो गए।

वेलेस्ली : सुल्तान का कुछ पता चला?

मेकेंज़ी : वो महल में नहीं हैं। बताया गया कि वो दो दिन पहले ही वहाँ से जा चुके थे। जाने से पहले वो फ़ौजियों के साथ ही वहाँ बुर्जियों पर दिखाई दिये थे।

नदीम : साहेब, ये है—राजा ख़ाँ।

सिपाही-2 : *(बेचैनी से)* नदीम खान ने राजा ख़ाँ की लाश को ढूँढ़ निकाला। राजा ख़ाँ, यहाँ ये सुल्तान का ज़ाती ख़ादिम था।

[सब दौड़ते हैं।]

मेकेंज़ी : यानी टीपू की लाश भी यहीं कहीं होगी। कहाँ? क़िलेदार साहिब, वहाँ हो सकती है। उन लाशों को हटाओ। ढूँढ़ो। अच्छी तरह देखो।

सिपाही-2 : जल्दी! जल्दी!

नदीम : ठहरो! ठहरो! ये है।

मेकेंज़ी : शायद हमें सुल्तान मिल गए। *(आहिस्ता से)* लगता है, वो हैं! जिसकी बेल्ट पर सोने की बकल है, उठाओ उसे।

विल्क्स : *(पुकारते हुए)* हमें मिल गई! *(सब मिलकर कहते हैं)* लाश मिल गई, सारी टॉर्च यहाँ लाओ।

आवाज़ : *(दूर से)* क्या सुल्तान की लाश मिल गई? ये तो कमाल है। उन्हें मिल गई। कहाँ है?

[हलचल मचती है। सारे सिपाही भागते हुए आते हैं, और लाश के अतराफ़ भीड़ जमा होती है।]

वेलेस्ली : ठहरो! इसके अतराफ़ सर्कल बना लो और अपनी टॉर्च नज़दीक करो! क़िलेदार साहब, क्या ये टीपू सुल्तान हैं?

नदीम : *(शिकस्त आवाज़ में)* जी हाँ। यही हमारे सुल्तान हैं।

वेलेस्ली : तो ये रहा मैसूर का शेर!

सिपाही-2 : लाश अभी भी गरम है।

वेलेस्ली : क्या ये ज़िन्दा है? *(वो लाश की हरारत को महसूस करता है)।*

मेकेंज़ी : क्या ये ज़िन्दा है?

वेलेस्ली : जिस्म अभी गरम है। सर पर चोट लगी है, उसकी वजह से मौत हो गई।

[कुछ दूर से आवाज़ सुनाई देती है— ज़्यादातर रोती हुई औरतों की। सब सुनते हैं।]

वेलेस्ली : *(सुनते हुए)* ये कैसी आवाज़ें हैं?

मेकेंज़ी : वो महल के हरम से आ रही हैं।

वेलेस्ली : महल की औरतें मातम कर रही हैं?

मेकेंज़ी : इतनी जल्दी उनको कैसे पता चला? महल तो एक मील दूर है!

विल्क्स : कुछ ख़ुफिया इशारे।

वेलेस्ली : इतने अँधेरे में भी?

मेकेंज़ी : ताज्जुब है!

वेलेस्ली : अब हमें तसदीक़ का इन्तज़ार है। शायद मुझे यही लगता है।

[रोने की आवाज़ तेज़ होती फैलती जाती है। अब पूरा शहर रो रहा है।]

सिपाही-3 : *(बेसाख़्ता होकर सब एक साथ कहते हैं)* अब ये शहर हमारा हो गया सर?

वेलेस्ली : मेरा भी यही मानना है। अब तुम सबको रोक नहीं सकता।

[सिपाही दौड़ते हुए बाहर निकलते हैं, ताकि शहर को लूट सकें। सबसे ग़मगीन चीज़—लड़ाई में हार से बढ़कर उसे जीतना है। सबसे गम्भीर बात जंग की यह है कि वह हारकर भी जीत गया है।]

वेलेस्ली : विल्क्स!

विल्क्स : जी सर?

वेलेस्ली : अब टीपू की लाश को जल्द-अज़-जल्द महल में ले जाओ और उस पर नज़र रखना।

विल्क्स : जी सर! *(वे दोनों आगे बढ़ते हैं— कुछ बातें करते हुए)*

सिपाही-1 : एक्सक्यूज़ मी सर!

मेकेंज़ी : हाँ?

सिपाही-1 : क्या मैं आपका वो जेबवाला चाक़ू थोड़ी देर के लिए ले सकता हूँ सर? मेरा चाक़ू जंग में खो गया।

मेकेंज़ी : चाक़ू? हाँ, ये लो!

सिपाही-1 : शुक्रिया जनाब। इसके पहले कि लाश को यहाँ से ले जाएँ, मैंने मेरे दोस्त डॉक्टर क्रूसो जो हमारे इस्टैब्लिशमेंट के डॉक्टर हैं, उनको तोहफ़ा देने का वादा किया था।

[वह टीपू की एक मूँछ काट लेता है।]

मेकेंज़ी : *(चिल्लाते हुए)* ये क्या शैतानी हरकत है? उस पागल को रोको।

[हर तरफ़ से डरावनी आवाज़ें— कन्नड़ और उर्दू में— अरे रोको, अय्यो! अय्यो! ये क्या किया?]

सिपाही–1 : शेर की असली मूँछें! क़ीमती तोहफ़ा!

मेकेंज़ी : पकड़ लो उसे।

[रोने की आवाज़ें तेज़ होते-होते, शहर के लूटने की चीख़ व पुकार पर हावी हो जाती हैं।]

दृश्य–2 समाप्त

दृश्य–3

[किरमानी का मकान।]

किरमानी : आख़िरकार मैसूर के शेर का शिकार कर ही लिया! और जो पहली सलामी उन शिकारियों को मिली, वो थीं उनकी मूँछें, जो काट ली गईं।

मेकेंज़ी : हम उस ग़ुंडागर्दी को भूलेंगे नहीं।

किरमानी : और भूलेंगे भी कैसे? वो तो क़त्ल–ओ–ग़ारतगिरी की रात का सिर्फ़ एक आग़ाज़ था।

मेकेंज़ी : मैंने इससे पहले ब्रिटिश फ़ौजियों को इस तरह बे–लगाम होते हुए नहीं देखा।

किरमानी : घर–घर लूटा गया। जो भी औरत दिखती, उसकी इज़्ज़त लूटी गई। सिपाही क़ीमती हीरे–जवाहरात फेंकते चले जा रहे थे, क्योंकि बहुत ज़्यादा उठा ले जाना मुश्किल था।

मेकेंज़ी : लूट और ग़ारतगिरी रोकने के लिए वेलेस्ली को तीन सिपाहियों को फाँसी देनी पड़ी। ख़ौफ़नाक। बेहतर यही होगा कि हम वो संस्कृत की किताब अर्थशास्त्र उठा लें, जो साइंस की तर्ज़ पर हुकूमत करने के मुतअल्लिक़ है। बड़ी अजीबोग़रीब किताब है। ए तजुर्बेकार आदमी, अपनी मायूसी से ऊपर उठो, लिखो।

किरमानी : कोशिश करता हूँ। पर समझ नहीं आ रहा, क्या लिखूँ।

मेकेंज़ी : किरमानी साब, सैकड़ों बार बोल चुका हूँ। आप टीपू के मौरिशस के सफर के बारे में कुछ लिखिए। और 'दि मालार्टिक एडवेंचर' के बारे में लिखिए। जहाँ से उनका ज़वाल शुरू हुआ, और हमें इसके बारे में कुछ नहीं मालूम।

किरमानी : ऐसा कभी कुछ नहीं हुआ न!

मेकेंज़ी : यही मैं समझ नहीं पा रहा। ये इतना बड़ा काम नहीं था जितना कि नेपोलियन की तरफ़ दोस्ती का हाथ बढ़ाना था। गवर्नर मालार्टिक की उतनी हैसियत नहीं। एक आसानी से भुलाया जानेवाला फ्रेंच मैन है अगर वो टीपू के ज़वाल का सबब बनता। और आप हैं कि इस बात से साफ़ इनकार कर रहे हैं, क्यों?

किरमानी : कर्नल साब! आप जिस मालार्टिक डील की बात करते हैं, वो कभी हुई ही नहीं।

मेकेंज़ी : *(मानते हुए)* तुम कहते हो तो मान लेते हैं। लेकिन लॉर्ड मोर्निंगटन के पास टीपू की शरारत का पुख़्ता सबूत था।

किरमानी : शायद हिज़ लॉर्डशिप ने ख़्वाब देखा हो।

मेकेंज़ी : माफ कीजिए किरमानी साहब। आप गवर्नर जनरल ऑफ़ इंडिया पर इलज़ाम लगा रहे हैं कि वो झूठे हैं।

किरमानी : कर्नल साब, मैं ऐसा कैसे कर सकता हूँ? मैं ऑनरेबल जौन कम्पनी का मुलाज़िम हूँ। लेकिन क्या ख़्वाब देखना बे हुरमती है? मेरे मालिक टीपू सुल्तान अक्सर ख़्वाब देखा करते थे।

मेकेंज़ी : मुझे पता है। वो अपने सारे ख़्वाबों को महफूज़ रखते थे। ये बताओ, उनके आखिरी ख़्वाब का क्या हुआ ?

किरमानी : जिस रात उनको दफ़नाया गया, तेज़ आँधी आई और तूफ़ानी बारिश हुई।

मेकेंज़ी : हाँ, मुझे याद है, बहुत ख़ून-ख़राबा हुआ। हाँ, हमारे भी दो आदमी मारे गए।

किरमानी : बरतानवी सिपाहियों ने शहर के सभी घरों के दरवाज़े और खिड़कियाँ पहले से ही तोड़-फोड़ दिये थे। बहुत सारे घरों पर तो छत भी नहीं थी। वैसे में तूफ़ानी बारिश के क़हर के सामने ब्रिटिश फ़ौजियों की लूट-पाट तो कुछ भी नहीं थी। मानो बच्चों का खेल हो! सब कुछ बह गया। मेरे काग़ज़ात और मसौदों पर जो कुछ लिखा था, सब धुल गया। एक रात में मेरे सारे दस्तावेज़ बस मेरी याददाश्त बनकर रह गए।

मेकेंज़ी : अफ़सोस।

किरमानी : क़ुदरत ने इस ख़्वाब का जो हश्र किया, वैसा ही मुंशी हसीबुल्लाह को दूसरे ख़्वाबों के साथ करना चाहिए था।

मेकेंज़ी : क्या ? तुम कहना क्या चाहते हो ?

किरमानी : मुंशी हसीबुल्लाह बेवक़ूफ़ था। जैसे ही उसे वो डायरी मिली, उसे फाड़कर फेंक देनी चाहिए थी।

मेकेंज़ी : उसमें ऐसी कोई बात तो नहीं थी।

किरमानी : ये वो डायरी थी जिसमें मेरे मालिक अपने सारे ख़्वाब लिखा करते थे। उस डायरी को उन्होंने अपने ख़ास लोगों की पहुँच से दूर रखा था। मुझे तो ये भी नहीं पता था कि कोई ऐसी डायरी है। हममें से किसी को इस बात की ख़बर नहीं थी। जब मैंने उसके पहले सफ़हे

पर लिखे हुए अल्फ़ाज़ खुद सुल्तान की अपनी तहरीर में देखे तो मुझे मेरी आँखों पर यक़ीन नहीं हुआ।

[अचानक टीपू सुल्तान की आवाज़ सुनाई देती है।]

टीपू की आवाज : इस किताबचे में हमने अपने वो सब ख़्वाब लिखे हैं, जो हमने देखे और आज भी देख रहे हैं।

[इस आवाज़ को सिर्फ़ किरमानी ही अदा करता है।]

किरमानी : सुल्तान ने अपनी वो डायरी अपने तकिये के नीचे छुपा रखी थी। जब तक उस बेवकूफ़ मुंशी के हाथ नहीं लगी, वो बहुत मुतबर्रक और ज़ाती चीज़ थी।

मेकेंज़ी : मैं समझा, ये तो इक मामूली छोटी-सी किताब है, जिसमें फुजूल की कुछ बातें लिखी पड़ी हों *(तंज़िया लहजे में)* जो शायद ऑनरेबल ईस्ट इंडिया कम्पनी के बोर्ड ऑफ डाइरेक्टर्स के चेयरमैन को तोहफ़ा दी गई हो!

किरमानी : *(अपने आपसे)* डायरी में कुछ सादे सफ़हात भी थे। उसमें सुल्तान अपने कौन से ख़्वाब लिखना चाहते थे, क्यों नहीं लिखे, मालूम नहीं हो सकेगा।

मेकेंज़ी : डायरी में कुछ सादे सफ़हात भी थे। शायद तुम्हारे लिए यही टीपू है।

किरमानी : बेशक कर्नल कौलिन, मैकेंज़ी साहिब। वो उन्हीं ख़्वाबों को लिखते थे जो ख़्वाब उनसे बोलते थे।

[विराम]

और शायद कुछ ऐसे ख़्वाब जो बोल न सके हों।

मेकेंज़ी : *(हँसते हुए)* जनाब हुसैन अली किरमानी साहब, मेरी दिलचस्पी उन लोगों में है जो उनसे बातचीत करते थे, और जिनसे वो बात करते थे। उन ख़्वाबों को आप अपने पास ही रखिए।

किरमानी : *(हँसते हुए)* हाँ, जनाब, मैं ऐसा ही करूँगा।

दृश्य-3 समाप्त

दृश्य-4

[अब यहाँ से किरमानी और मैकेंज़ी क्लेरिक किरदार बनकर अदाकारी करेंगे, वो तफ़सीर करेंगे, जैसा बताया जाएगा। स्टेज पर अँधेरा हो जाता है। टीपू पूर्णैया के साथ दाख़िल होते हैं।]

टीपू : उस दिन रमज़ान की आख़िरी तारीख़ थी। उसके दूसरे दिन ईद थी। साल था 1213 हिजरी। मैं अपनी फ़ौज के साथ फ़ारुखी से लौट रहा था, जो सलामाबाद के क़रीब है। तब मैंने ख़्वाब देखा। मैं हाथी के शिकार पर गया था और वापसी में वज़ीरे ख़ज़ाना पूर्णैया के साथ लौट रहा था। तब हमने एक बड़ा-सा मन्दिर देखा, जो बड़ी ख़स्ता हालत में था। खँडहर हो गया था। मैंने पूर्णैया को दिखाते हुए कहा, 'पूर्णैया, इस इमारत की तरफ़ देखो, बड़ी अजीब लग रही है।'

पूर्णैया : हाँ, सुल्तान, मुझे भी अजीब लग रही है।

टीपू : क्यों न अन्दर चलकर देखें! चलो, चलते हैं।

[एक अजीब-सी इमारत पर रोशनी पड़ती है जिस पर बहुत से इनसानों की मूर्तियाँ बनी हैं।]

टीपू : पूर्णैया, ये मूर्तियाँ कैसी? क्या ये देवताओं की हैं? तुम पहचानते हो इन्हें?

पूर्णैया : नहीं सुल्तान। ये मूर्तियाँ देवताओं की नहीं हैं।

टीपू : हाँ, मुझे भी ये किसी मज़हब से जुड़ी नहीं लगतीं।

पूर्णैया : बड़ी अजीब हैं। मैंने ऐसी मूर्तियाँ पहले कभी नहीं देखीं।

टीपू : देखो, पूर्णैया, देखो उनकी आँखों को। वो हिल रही हैं। ये पत्थर की मूर्तियाँ अपनी आँखें हिला रही हैं।

पूर्णैया : जनाब, बेहतर है, हम यहाँ से चलें। अँधेरा गहरा है। चलो, यहाँ से चलते हैं।

टीपू : नहीं। हम और अन्दर चलते हैं, और क़रीब से देखते हैं।

पूर्णैया : सँभलकर जनाब। वो देखिए, वे दोनों खड़े हो रहे हैं।

[दो औरतें जो आख़िरी क़तार में खड़ी होती हैं, नौ गज़ वाली साड़ी पहने हुए हैं। उनमें से एक अपनी साड़ी घुटने तक उठाती है।]

टीपू : कौन हो तुम? इनसान हो या भूत-परेत?

औरत : सुल्तान, हम ज़िन्दा औरतें हैं। बाक़ी सब ये देवताओं की मूरतें हैं। हम यहाँ कई सदियों से रह रहे हैं। ख़ुदा की इबादत करते हैं और नजात चाहते हैं।

टीपू : अच्छा, मुझे माफ़ करना। हमने आपके ध्यान में मुदाख़िलत की है। कोई मदद चाहिए?

औरत : जी, कोई मदद नहीं चाहिए। बस, हमें तनहाई चाहिए।

टीपू : ऐसा ही होगा। ख़वातीन, आप ख़ुदा की इबादत में मशगूल रहिए।...चलो पूर्णैया, चलते हैं। हम इस मन्दिर की मरम्मत करवा देंगे। दीवारों को ठीक से बनवाएँगे ताकि इन ख़ुदा के बन्दों को परेशानी न हो।

पूर्णैया : जी, जनाब! जो आपकी मर्ज़ी।

[वे मन्दिर से बाहर निकलते हैं। दो बुज़ुर्ग आदमी, जिनकी लम्बी दाढ़ियाँ हैं और जो रेशमी चोगा पहने हैं, इनकी तरफ़ बढ़ते हैं। उनके साथ दो हाथी हैं और कई मज़दूर जो बन्दूक़ और बल्लम लिये चल रहे हैं।]

बुज़ुर्ग आदमी : सुल्तान की ख़िदमत में आदाब अर्ज़ है।

टीपू : आदाब, कौन हो? लग रहा है, दूर से आ रहे हो।

बुज़ुर्ग आदमी : हम चीन के बादशाह के सफ़ीर हैं।

टीपू : जनाब, अन्दर दीवाने-ए-आम में तशरीफ़ रखें। आप की सिफ़ारत का मक़सद क्या है?

बुज़ुर्ग आदमी : हमारा मक़सद है दोस्ती—आपके मुल्क और हमारे मुल्क के दरमियान अच्छे ताल्लुक़ात कायम हों। चीन के बादशाह ने आपको एक सफ़ेद हाथी और इन घोड़ों को बतौरे-ख़ुलूस व दोस्ती की अलामत भेजा है।

टीपू : हाथी और घोड़े वाक़ई बहुत ख़ूबसूरत हैं। बहुत ख़ुशी हुई। और मैं ये जानना चाहता हूँ कि आप लोग चीन में हाथियों को कैसे पकड़ते और उन्हें तरबियत किस तरह देते हैं? मैंने हज़रत निज़ामी की किताब 'सिकन्दरनामा' में पढ़ा है, चीन के बादशाह ने एक सफ़ेद हाथी, एक घोड़ा, और एक बाँदी को सिकन्दरे-आज़म के पास भेजा था।

बुज़ुर्ग आदमी : हुज़ूर, सही फ़रमाया आपने। हमारे बादशाह ने सफ़ेद हाथी सिर्फ़ सिकन्दरे-आज़म और अब आपके अलावा किसी को नहीं भेजा।

[टीपू सामइन से मुख़ातिब होते हैं, जब कि दूसरे लोग स्टेज के अँधेरे में खो जाते हैं।]

टीपू : इतने में फ़जर की अज़ान के साथ मैं भी जाग उठा। इस ख़्वाब की मेरी ताबीर ये है कि अल्लाह ताला और पैग़म्बर यहाँ तो मुझे भी एक और सिकन्दरे-आज़म बना देंगे।

[टीपू दीवाने-ख़ास में दाख़िल होते हैं। मीर सादिक़ और पूर्णैया से बात करते हैं।]

...और मेरे मुल्क में हर अक़ीदे को माननेवाला अपनी हिफ़ाज़त और रोज़गार के लिए मुझसे वाबस्ता है।

पूर्णैया : जी, जनाब! आप पर ही मुनहसिर हैं।

टीपू : एक और कबाब लीजिए मीर सादिक़!

मीर सादिक़ : जी, बस, शुक्रिया। जनाब, कबाब बहुत ही लज़ीज़ है और मैं अपनी हद से ज़्यादा खा चुका हूँ।

टीपू : पूर्णैया, एक और सेब लो।

पूर्णैया : सुल्तान! मेहरबानी आपकी। लेकिन मैं और नहीं खा पाऊँगा।

टीपू : आप तो जानते हो, ये कश्मीर से हैं। यहाँ दकन में कमयाब हैं। ना मत कहिए। खाइए।

पूर्णैया : इसकी बनावट और रंगत की नज़ाकत से ही नज़रों को ठंडक पहुँचती है।

टीपू : जैसे किसी औरत के...

[विराम]

गाल?

[हँसते हैं।]

अच्छा, तो हम कहाँ थे? हाँ, याद आया। जो चीज़ें हमारे क़ाफ़िले के साथ आएँगी, उनमें ये दो चीज़ें भी जोड़ लो—रेशम के कीड़े और अंडे। जो जज़ीरा ए दहराज, मस्क़त के क़रीब है, वहाँ से होंगे।

मीर सादिक़ : लेकिन हमें जो चीन से हासिल हुआ है, वो अच्छी तरह से काम कर रहे हैं। जनाब, क्या हमें और चाहिए?

टीपू : बिलकुल। हमें और चाहिए। ये इनसे बेहतर हो सकते हैं। मुझे बताया गया है कि हमारे यहाँ की आब व हवा

के लिए ज़्यादा मौज़ूँ है। पाँच या छै लोग, जिन्हें कीड़े पालने का सही इल्म हो, उन्हें भी साथ लाना पड़ेगा। ठीक है, और कुछ?

मीर सादिक़ : राजा राम चन्द्र का ख़त।

टीपू : ओह, वो? वो तो पक्का गधा है।

मीर सादिक़ : जनाब, मुझे उनकी बात ठीक लगती है। राजा साहब का कहना है कि हुकूमत की दुकानें और कारख़ाने व्यापारियों की परेशानी की वजह हैं। यही वजह है कि वो अपना माल ग़रीबों को बेच रहे हैं।

टीपू : *(बेचैन होकर)* आप लोग कभी कुछ सीखेंगे भी? अगर मुनाफ़ा सात पगोड़ा आ रहा है और मुंशी और बही-खातों पर ख़र्च दस का आ रहा हो, तो कोई तिजारत में पैसा कैसे लगा सकता है? और कब तक? ताजिर अपना सामान एक जगह से दूसरी जगह कैसे ले जा पाएँगे? तुम फ़िक्र मत करो, वो लाचार होकर रेंगते हुए हमारे पास ही आएँगे।

पूर्णैया : इज़्ज़ते-माब मीर सादिक़ साहेब का कहना शायद ये है कि ताजिर बाज़ार की ऊँच-नीच से परेशान नहीं हैं। बल्कि हुकूमत के साथ ब्योपार करनेवाली बात से हिचकिचा रहे हैं। उन्हें हुकूमत का ताजिराना होने से डर है।

टीपू : *(ज़ोर से हँसकर)* तब तो ज़रूरी है कि वो ये सब पसन्द करने लगें, और आप दोनों भी। हाँ, हमें शीशे, बन्दूक़ों और तोपों की ज़रूरत है। क्या हम ये सब बैरूनी मुल्कों से खरीदते रहेंगे? हमें इन सबके लिए पैसों की सख़्त ज़रूरत है। क्या हम इन कौड़ियों से, जो ताजिरों से लगान वसूल करते हैं, उस पर इक्तिफ़ा कर लें? जब कि हमें सन्दल की लकड़ी और हाथी

के दाँत मुफ़्त में मिलते हैं। क्या कोई ब्योपारी खुद से सन्दल की लकड़ी में ब्योपार कर सकता है? आप तो जानते हैं, सदियों तक हमने चीन से रेशम की भीख माँगी और वहाँ से मँगवाया भी। और जब मैंने वहाँ से कुछ अंडे मँगवाये तो सबने शोर मचाया। अब हमारे यहाँ रेशम की बढ़ती हुई तिजारत है। क्या हम उन बेवकूफ़ निज़ाम और मरहटों की तरह हाथ पर हाथ धरे बैठे रहें जो ये सोचते हैं कि इस मुल्क में अंग्रेज़ कभी आया नहीं? उनके नज़दीक यूरोपी लोगों का वजूद भी कोई मायने नहीं रखता? कोई और डाक?

मीर सादिक़ : कोई ख़ास नहीं।

टीपू : ठीक है। क्या इज़्ज़ते-माब ग़ुलाम अली ख़ान और दूसरे सभी पहुँच गए?

मीर सादिक़ : वो लोग दीवान-ए-आम में इन्तज़ार कर रहे हैं।

टीपू : ये हैं! ये हैं पाबन्द ग़ुलाम अली ख़ान, जो यूरोपियों की तरह वक़्त के पाबन्द हैं। उन्हें अन्दर बुलाया जाए। और मेरे बेटे कहाँ हैं?

मीर सादिक़ : वो अपने फ़ारसी के उस्ताद के साथ बैठे होंगे।

टीपू : आप उन्हें मेरे पास भेज दीजिए। उस्ताद कुछ देर इन्तज़ार कर लेंगे। मैं चाहता हूँ कि हमारे वफ़्द के नुमाइन्दों से बातचीत के दौरान मेरे बेटे मौजूद रहें। अब वक़्त आ गया है कि उन्हें दुनिया के बारे में भी कुछ सीखना है।

[मीर सादिक़ एक नौकर को इशारा करते हैं, जो लड़कों को बुलाने जाता है। ग़ुलाम अली ख़ान और उस्मान ख़ान अन्दर दाख़िल होते हैं।]

उस्मान ख़ान : सुल्तान का इक़बाल बुलन्द हो!

टीपू : ख़ुशआमदीद! ख़ुशआमदीद! इज़्ज़ते-माब ग़ुलाम अली ख़ान, उस्मान ख़ान साब, हम उम्मीद करते हैं कि आपके अहलो-अयाल बख़ैर होंगे।

ग़ुलाम अली : ख़ुदा की मेहरबानी और आपकी शफ़क़्क़त उन सबके साथ है।

[फ़तेह हैदर कोई दस बरस के होंगे। मुइज़ुद्दीन और अब्दुल ख़ालिक़ पाँच और छः साल के होंगे। दोनों अन्दर आते हैं, और झुककर सलाम करते हैं।]

टीपू : आह, फ़तेह हैदर, मुइज़ुद्दीन और अब्दुल ख़ालिक़! आओ, बैठो यहाँ, ग़ौर से सुनो और हर बात पर तवज्जो दो, समझे? तुम इन अज़ीम हस्तियों को जानते हो?

शहज़ादे : जी हाँ, वालिद मोहतरम। आदाब! *(सब मिलकर)* और चाचा हज़रात, आदाब!

उस्मान खान : अल्लाह आपको ख़ुश व खुर्रम रखे।

टीपू : बिना किसी तमहीद के मुद्दे पर आता हूँ। हम कुछ नुमाइन्दों को फ्रांस भेजना चाहते हैं। क्या आप पौंडिचेरी के मस्यूँ को जानते हो? उनके तवस्सुल से हमने मौरिशस के फ्रांसीसी गवर्नर जनरल के साथ मैसूर के एक शाही नुमाइन्दे को फ्रांस भेजने का इन्तज़ाम किया है। गवर्नर जनरल राज़ी हो गए हैं कि वो फ्रांसीसी बादशाह से हमारे नुमाइन्दों की मुलाक़ात करवाएँगे। मेरी ख़्वाहिश है कि आप भी इस वफ़्द (प्रतिनिधि मंडल) में जाएँ। इज़्ज़ते-माब उस्मान ख़ान इस वफ़्द की क़यादत (मार्गदर्शन) करेंगे।

उस्मान ख़ान : ये हमारे लिए बड़ी इज़्ज़त की बात होगी।

ग़ुलाम अली : सारी दुनिया हम से रश्क करेगी।

टीपू : मुझे तो आप से रश्क होता है। मेरी बड़ी ख़्वाहिश थी कि मैं भी आपके साथ चलूँ।

उस्मान ख़ान : जनाब, आप यक़ीनन हमारे बेहतर रहनुमा साबित होते और फ्रांस के बादशाह भी आप जैसे आला अक़्लमन्द से बात करके ख़ुश भी होते।

टीपू : हाँ भाई, उड़ा लो, उड़ा लो, जितना मेरा मज़ाक़ उड़ाना है, उड़ा लो! मैं यहाँ इसीलिए तो हूँ। कहते हैं, मौरिशस के समन्दर में आप लोग क़ौस-ए-क़ुज़ह (इन्द्रधनुष) के सातों रंग देख सकते हैं। फिर इसके बाद पेरिस और वेर्सैल्स। आप लोग परियोंवाली कहानियों के समन्दरी सफ़र पर जा रहे हैं। मुझे आप से रश्क है, पर मैं आप सब की तरह आज़ाद नहीं हूँ।

[सब हँसते हैं। पसमंज़र में शेरों के गरजने की आवाज़ सुनाई देती है।]

टीपू : शेर इतने बेचैन क्यों हैं? क्या इन्हें खाना दिया?

नौकर : जनाब! ये बहादुर खान की आवाज़ है। वही ज़्यादा शोर मचाते हैं।

टीपू : उसकी बढ़ती उम्र है। उसे दूसरे शेरों से ज़्यादा खाना चाहिए। तुम उसके रखवाले से कह दो।

नौकर : जी, जो हुकुम सुल्तान!

[बच्चे अपनी हँसी ज़ब्त करते हैं।]

टीपू : इस में हँसनेवाली क्या बात है?

[बच्चे एकदम ख़ामोश होते हैं।]

फ़तेह : रोज़ाना शेर इसी वक़्त बेचैन होते हैं और आप रोज़ाना यही हुकुम जारी करते हैं।

[हँसते हुए टीपू बच्चों पर झुँझलाते हैं। फिर नुमाइन्दों से बात करते हैं।]

टीपू : आपका वहाँ जाने का असल मक़सद हिन्दुस्तान के मौजूदा हालात के बारे में फ्रांस के बादशाह को बताना है। खासकर फ्रांसीसियों की यहाँ जो हालत है, वो।

उस्मान ख़ान : जी, जनाबे–आली।

टीपू : मैं शाह लूइस-XVI के नाम एक ख़त दूँगा। लेकिन याद रहे, ख़त बराहे–रास्त बातचीत का बद्दल नहीं। आप लोग फ्रांस के शाह को अच्छी तरह समझाएँ कि यहाँ मौजूद फ्रांसीसी तैयार नहीं हुए तो अंग्रेज़ पूरे हिन्दुस्तान पर क़ब्ज़ा जमा लेंगे। यहाँ फ्रांसीसी ऐश–पसन्द हो गए हैं। उनके बादशाह को चाहिए कि उन्हें काम पर लगा दें। ज़रूरत पड़े तो धक्के मारकर चुस्ती भरें। लूइस-XVI और मैं एक दूसरे के साथ पायेदार हलीफ़ होने की क़रारदाद पर दस्तख़त कर सकते हैं। उसके बाद दस हज़ार की फ्रांसीसी फ़ौज मेरी निगरानी में मार्च करेगी। इस बात को वाज़ेह कर दो कि फिर किसी अंग्रेज़ या दिगर हिन्दुस्तानी रियासतों से मुआहदे न करें। मैं उन्हें हुक्म दूँगा। अगर बादशाह इतनी–सी बात पर राज़ी हो जाते हैं तो इससे हिन्दुस्तान की क़िस्मत बदल जाएगी, समझे?

ग़ुलाम अली : जी, समझ गया जनाब।

टीपू : आप जब वापस आएँ तो न सिर्फ़ दस हज़ार फ़ौजी लाएँ बल्कि फ्रांस के दस्तकारों को भी, जो हमारे लिए बन्दूक़, तोप और पिस्तौल बना सकें।

उस्मान ख़ान : जी, हुज़ूरे आला।

टीपू : आप जानते हैं, जो नुमाइन्दों का वफ़्द हमने पिछले साल इस्तानबुल के ख़लीफ़ा-ए-इसलाम को भेजा था, वो हद से ज़्यादा कामयाब रहा। तुर्की, अरब, ईरान अब हमारे यहाँ की पैदावार और सनअत पाने के लिए उमड़ पड़ रहे हैं।

मीर सादिक़ : मस्क़त के इमाम तो हमारी सन्दल की लकड़ी और मसालों पर फ़िदा हैं। और उन्होंने ये इजाज़त भी दी है कि इन चीज़ों के लिए उनके मुल्क में एक कारख़ाना कायम करें।

टीपू : हाँ, आपको भी ऐसे तिजारती मौक़ों की तलाश में रहना चाहिए। इससे हम दोनों मुल्कों को फ़ायदा होगा। सिपाही ठीक है, पर पहले तिजारत, सनअत और पैसा। और हमें जिन माहिरीन की ज़रूरत होगी, उनकी फ़ेहरिस्त भी तैयार कर ली है।

पूर्णैया, फ़ेहरिस्त पढ़िए ताकि वो इस पर ग़ौर कर सकें।

पूर्णैया : एक तबीब, एक लोहार, एक लोहा पिघलानेवाला, एक जुलाहा, एक बढ़ई, एक ताला बनानेवाला, एक काटनेवाला।

मुइज़्ज़ : एक घड़ीसाज़, अब्बू।

टीपू : हाँ, बेटे, वो शामिल है।

पूर्णैया : एक रंगरेज़, एक घड़ीसाज़।

फ़तेह : और एक माली भी अब्बू।

टीपू : *(ख़ुश होकर)* मेरे बेटे बहुत ज़हीन हैं। ये जानते हैं कि मैं क्या चाहता हूँ। क्या मैं माली को फ़ेहरिस्त में भूल सकता हूँ?

पूर्णैया : मैंने माली को फ़ेहरिस्त में नहीं लिखा है, जनाबे-आली। हमारे पास वैसे भी बहुत-से हैं।

टीपू : नहीं, नहीं, नहीं हम वहाँ से दो माली बुला लेंगे। वेर्सैल्स के बाग़ के मालियों से नये फूल और पौधे उगेंगे हमारे लाल बाग़ में।

फ़तेह : वो अपने साथ नये-नये फूल-पौधे लाएँगे?

उस्मान खान : सुल्तान! हम हर वो चीज़ वहाँ से लाएँगे जो यहाँ नहीं है?

टीपू : हाँ, हर चीज़ लाना। वाक़ई यूरोप बड़ा अजीबोग़रीब इलाक़ा है। हर वक़्त वहाँ नये-नये ख़यालात, नई-नई चीज़ें। नई ईजाद। हर तरह की मशीनें और जोश व ख़रोश से भरे लोग। हमारे मुल्क में लोग उनकी तरह क्यों नहीं सोचते? मैंने हाल ही में एक नई चीज़ थर्मामीटर के बारे में पढ़ा है। तुम मेरे लिए एक ले आना।

ग़ुलाम अली : मैं? मैं समझा नहीं, सुल्तान?

टीपू : थर्मामीटर एक आला है। इसमें एक शीशे की नली में पारा भरा होता है। जब उसे बीमार के हाथ में थमा दो तो उसके जिस्म की हरारत का पता चलता है—इससे हकीम को इलाज करने में मदद मिलती है।

पूर्णैया : जनाब, माफ़ कीजिए। क्या ऐसा आला मुमकिन है?

टीपू : ओह, शक्की-मिज़ाज पूर्णैया! इनका मानना है कि दुनिया में जो कुछ भी जाना जा सकता था, वो इनके बाप-दादा जानते थे, और अब जानने को कुछ बचा ही नहीं।

पूर्णैया : सुल्तान! मैं इस अजीब आले को देखना चाहता हूँ।

टीपू : शहज़ादे! इसका मतलब है कि इनको मेरी बात पर यक़ीन नहीं है। मुझे पता चला है कि इस मौज़ूँ पर पूरी एक किताब है जिसका हमें फ़ारसी में तर्जुमा करना चाहिए।

मीर सादिक़ : जब मुझे वो किताब मिलेगी, मैं उसका तर्जुमा कर दूँगा।

टीपू : और हाँ, याद रहे, कोई लापरवाही नहीं चलेगी। आप लोग सैर-सपाटे पर नहीं जा रहे हो। मुझे बताया गया है कि पेरिस शहर मर्द को ख़ूबसूरत औरत की तरह मसरूर करता है। और वहाँ जाकर लोग ख़ुद को भूल जाते हैं। जब भी आप लोग सुस्ती या काहिली महसूस करें तो हमेशा जौन कम्पनी को याद कर लेना। याद है, सिर्फ़ पचास साल पहले वो लोग किस तरह ग़रीब व ललचाए आए थे, और आज वो क्या से क्या हो गए हैं। आज देखो, वो हम लोगों को धमकाते हैं। ये सब उनकी तिजारत में दीवानगी का सबब है, और कुछ नहीं।

उस्मान ख़ान : हम पूरी-पूरी कोशिश करेंगे, सुल्तान!

टीपू : ठीक है। अब आप लोग सफ़र की तैयारी करें। चनपटना के नुजूमी ने अगले तीन महीनों में चार दिनों का इंतेख़ाब किया है, जब सितारे हमारे मुवाफिक़ होंगे। हमने पौंडिचरी को तारीख़ भेज दी है। अब फ्रांसीसी हमें बताएँ कि इनमें से किस तारीख़ को उनका जहाज़ मौरिशस के लिए रवाना होगा।

ग़ुलाम अली : ये तो हमारे लिए ख़्वाब का हक़ीक़त में तब्दील होना है जनाबेआली!

उस्मान ख़ान : हम उस दिन के लिए बेचैनी से इन्तज़ार करेंगे।

टीपू : अब आप अपने-अपने घर जाइए। अपनी बीवी और बच्चों के साथ वक़्त गुज़ारिए। उनकी देखभाल कीजिए, क्योंकि कम-अज़-कम अब दो साल तक आप उन्हें देख नहीं पाएँगे। *(हँसते हैं)* ख़ुदा तुम्हारी हिफ़ाज़त करे।

उस्मान ख़ान : अब इजाज़त चाहते हैं, सुल्तान!

[सब नुमाइन्दे चले जाते हैं।]

टीपू : बच्चो! तुम्हारा क्या ख़याल है?

फ़तेह : क्या बुलन्द इरादे हैं अब्बू आपके। हम दुनिया को चौंका देंगे!

फ़तेह : क्या मैं भी उनके साथ जा सकता हूँ अब्बू?

टीपू : और यहाँ तुम्हारी तालीम का क्या होगा बेटा?

फ़तेह : मैं सफ़र में पढ़ लूँगा। आपके नुमाइन्दे सब तो पढ़े-लिखे हैं। उनसे तालीम हासिल कर लूँगा। और वैसे भी अब्बू, आप तो अक्सर कहा करते हैं कि हमारे दादाजान तो लिखना-पढ़ना भी नहीं जानते थे और...।

टीपू : इसलिये वो सख़्त लहजे में बात करते थे। तुम्हें एक नई दुनिया के लिए तैयार होना है, समझे? अब अन्दर जाओ, तुम्हारे उस्ताद तुम्हारा इंतज़ार कर रहे हैं।

मुइज़्ज़ : अब्बू, फ्रांसीसी फौज यहाँ कब तक पहुँचेगी? मैं भी उनके साथ जंग में शामिल होना चाहता हूँ।

टीपू : हमें उम्मीद है कि वो जल्द आ जाएँगे।

[हँसते हैं।]

अब तुम भागो यहाँ से।

[लड़के ताज़ीम से झुककर अन्दर आते हैं।]

पूर्णैया : अगर वो आए भी तो, मुआज़रत चाहूँगा, जनाबे आली! अंग्रेज़ और फ्रांसीसियों ने वार्सैल्स में एक मुआहदे पर दस्तख़त किया है। उसके मुताबिक़ दोनों में से कोई भी हिन्दुस्तान के अन्दरूनी मुआमले में मुदाख़िलत नहीं करेंगे।

टीपू : *(सोचते हुए)* हो सकता है, आप सही हों। लेकिन मुझे उम्मीद है। आखिरकार फ्रांसीसी और अंग्रेज़ एक-दूसरे के पड़ोसी हैं। इनकी दोस्ती हमेशा कायम नहीं रह सकती। वो कभी भी आपस में झगड़ सकते हैं और झगड़ेंगे। हम इस तरह क़तरे-क़तरे के हिसाब से जी नहीं सकते। हमारे पास एक लाहे अमल का होना ज़रूरी है पूर्णैया, जबकि निज़ाम ने ये साबित कर दिया है कि ऐसे भी जिया जा सकता है।

मीर सादिक़ : लेकिन सुल्तान, हाल ही में मद्रास से जो इत्तला मिली है, उससे पता चलता है कि अंग्रेज़ दोस्ती के ख़याल में हैं।

टीपू : मद्रास में सब कठपुतलियाँ हैं। हमें अपने कान कलकत्ता की तरफ़ लगाने होंगे। वही इस वक़्त हिन्दुस्तान का दारुल-ख़िलाफ़त है।

पूर्णैया : जहाँ तक इत्तला मिली है, नये गवर्नर जनरल को सेंट्रल बोर्ड ने हिदायत दी है कि जितना हो सके, वो हम हिन्दुस्तानियों से दूर रहे।

टीपू : ओह! पिट्स इंडिया एक्ट! हिन्दुस्तान को अकेला छोड़ दो! क्या आप इसके एक लफ़्ज़ पर भी यक़ीन करते हैं? आप क्या समझते हो, अगर अंग्रेज़ों को अमन चाहिए था, तो क्या वो लौर्ड कॉर्नवालिस को गवर्नर जनरल बनाकर भेजते यहाँ?

पूर्णैया : हमें बताया गया कि वो एक अक़्लमन्द और सीधे आदमी हैं।

टीपू : और एक हारा हुआ जनरल है। पूर्णैया, आप एक ब्राह्मण हो। आप घुड़सवारी करते हुए फ़ौज की क़ियादत करते हो, पर एक मामूली आदमी की तरह सोचते हो। आप फ़ौजी को नहीं समझते। ये

कॉर्नवालिस इसने अमरीका में ब्रिटिश फ़ौजों की क़ियादत की और उसी जंग में हार भी गया। वो भी एक किसान से, जिसका नाम वाशिंगटन है। अब देखो, उसकी हुकूमत उसे यहाँ हिन्दुस्तान में तैनात करती है।

पूर्णैया : हमारी दुआ है कि वो अमन-चैन को समझे, जनाबे-आली!

टीपू : वो कुछ नहीं समझता। सिर्फ़ और सिर्फ़ हार की बदनामी और सुपुर्दगी समझता है। क्या आप उसकी कानाफ़ूसी, तंज़िया मुस्कुराहट का मतलब नहीं समझते जिससे इसका लंडन में ख़ैरमक़दम हुआ? अगर इसमें किसी चाल का पहलू ना भी हो पर इसने तो यही समझा होगा। अगर वो फ़ौजी है तो इसे यही समझना भी चाहिए। क्या तुम्हें नहीं लगता के ये कितना बेचैन है अपने वक़ार को फिर से हासिल करने के लिए? मुझे यक़ीन है, ये अपने बिस्तर पर करवटें बदलता होगा। और वो जानता है, मैं भी अच्छी तरह जानता हूँ कि उसे अपने ऊपर लगे दाग़ को मिटाना है तो सिर्फ़ एक ही आदमी को मार गिराना है—सिर्फ़ एक, और वो है—टीपू सुल्तान।

[विराम]

इसका तक़र्रुर तीसरे घर में सनीचर और जहल का आपस में टकराने का इशारा है। देखना, जल्द ही अंग्रेज़ हमारी सरहद की तरफ़ बढ़ेंगे।

[स्टेज पर अँधेरा होता है और टीपू सामइन की तरफ़ मुड़ते हैं।]

टीपू : बसद साल के खुसरवी माह के छठे दिन, जब मैं देवगिरि के नज़दीक शाहनूर में हरिपंत फडके की मराठा फ़ौज पर रात के हमले की तैयारी कर रहा था तब मैंने एक ख़्वाब देखा :

[एक नौजवान जो मराठे जैसा साफ़ा बाँधे हुए था, दाखिल होता है।]

एक ख़ूबसूरत नौजवान, गोरी चमड़ी और चमकती आँखें! वह मेरे पास आया और मैंने पूछा : नौजवान, कौन हो तुम? और बोलते क्यों नहीं?

नौजवान : *(औरत की आवाज़ में)* आप बहुत हसीन हैं, सुल्तान!

टीपू : शुक्रिया! आओ, मेरे पास बैठो।

नौजवान : लेकिन मैं आपसे ऐसा कुछ नहीं कहने जा रहा, जो आप जानते नहीं हैं।

टीपू : हाँ! हम जैसों को कभी-कभी भूली-बिसरी बातें याद दिलाना अच्छा लगता है, जो ज़ियादातर अपना वक़्त घोड़े की पीठ पर गुज़ारते हों। उस वक़्त आईना देखने की फ़ुरसत भी कहाँ मिलती है।

नौजवान : लेकिन आपकी बेगमें तो आपको ज़रूर बताती होंगी, खास तौर से आपकी चहेती मलिका रुक़ैया बानू?

टीपू : ख़बरदार! तुम अपनी हद से गुज़र रहे हो।

नौजवान : मेरे दिल में आपके लिए हद से बढ़कर आपकी मोहब्बत है, जिसने मुझे ये जसारत दी है।

टीपू : देखो, रुक जाओ, मैं किसी अजनबी शख़्स से इस तरह की गुफ़्तगू का आदी नहीं हूँ।

नौजवान : लेकिन मैं कोई ऐसा या वैसा नहीं हूँ।

टीपू : तो फिर, तुम कौन हो?

नौजवान : सुल्तान! क्या आपको मुझे देखकर, कोई हैरतवाली बात नज़र नहीं आती?

टीपू : हाँ, कुछ हैरतवाली बातें हैं। जैसे तुम नाजुक हो और आवाज़ भी औरतों जैसी है।

[नौजवान टीपू को तसलीम करता है।]

नौजवान : क्या सरकार-ए-ख़ुदादाद अपने हाथों से मेरा ये साफ़ा उतारने की ज़हमत फ़रमाएँगे?

[टीपू उसकी पगड़ी उतारते हैं तो लम्बी ज़ुल्फों का गुच्छा उस नौजवान के कंधों पर गिरता है। फिर वो अपनी पीठ सामइन की तरफ़ करके टीपू की तरफ़ दिखाता है।]

नौजवान : क्या आप मेरी चोली की घुंडी खोलेंगे, सुल्तान?

[विराम]

अरे, ये क्या, आप तो शरमा रहे हैं *(हँसता है)!* आपका चेहरा शर्म से लाल हो गया है। मुझे नहीं षता था कि सुल्तान इतने शर्मीले हैं। लीजिए आपके लिए मैं ही खोल देता हूँ, ये देखिए!

[वो अपनी चोली की घुंडी खोलता है। टीपू चिढ़ते हैं।]

टीपू : तुम तो औरत हो? फिर इस भेस में क्यों?

नौजवान : मुझे डर था कि आप एक अजनबी औरत को अपने पास आने देंगे या नहीं।

टीपू : *(ग़ुस्से से)* तुमने मुझसे मिलने के लिए झूठ का सहारा लिया है। तुमने एक सुल्तान के साथ बात करने के

लिए, दिलफरेबी के साथ धोखा दिया है। फौरन यहाँ से निकलो! जाओ यहाँ से!

[वह औरत वहाँ से भागती है। टीपू सामइन की तरफ़ देखते हैं।]

अपने ख़ास मुशीरों से तफ़सीर करने के बाद मैंने इस ख़्वाब की ताबीर ये निकाली। ख़ुदा का करना ऐसा हुआ कि ये मराठे जो मर्दों के लिबास में हैं, दरअसल औरत की तरह डरपोक निकलेंगे।

दृश्य-4 समाप्त

दृश्य-5

[पूना शहर में मराठा दरबार। नाना साहब फडनवीस, मराठा के रहनुमा, चार्ल्स मालेट के साथ जो लौर्ड कॉर्नवालिस के नुमाइन्दे हैं।]

मालेट : नाना साहब, हमारी कौंसिल के गवर्नर जनरल लौर्ड कॉर्नवालिस इस बात का यक़ीन दिलाते हैं कि हिन्दुस्तानी रियासतों से किसी क़िस्म का तनाज़ा पैदा करने का हमारा कोई इरादा नहीं है। लंडन में हमारे बोर्ड ऑफ़ कंट्रोल ने गवर्नर जनरल को ख़ुसूसी तौर पर हिदायत दी है कि वो सबसे दोस्ती और सिर्फ़ अपने तहफ्फुज़ का रास्ता अपनाएँ। इज़्ज़ते-माब ईस्ट इंडिया कम्पनी ने जो कुछ भी हासिल कर लिया है, उससे वो पूरी तरह मुत्मइन हैं।

नाना : ये तो अच्छी ख़बर है। लेकिन ये बताइये मालेट साहब आपकी यहाँ आने की वजह?

मालेट : हम मराठा हुकुमरानों को ये यक़ीन दिलाना चाहते हैं कि हम आपके बेहतरीन दोस्त हैं, जिस पर किसी भी मुसीबत के वक़्त भरोसा किया जा सकता है।

नाना : ओह! इससे दो सवाल पैदा होते हैं : एक—क्या कोई मुसीबत का वक़्त है?

मालेट : ये तो हमारे दोस्तों को खुद तय करना है। सर, कम्पनी क़बूल करती है कि अपने सियासी हालात

का आप खुद तज़्ज़िया करें। वेर्सैल्स के मोआहेदे का आर्टिकल नम्बर XVI देखें जोकि अंग्रेज़ों के इसरार पर बनाया गया है, जिसमें लिखा है—न फ्रांसीसी और न ही अंग्रेज़, हिन्दुस्तान के शहज़ादों की राय में दख़लअन्दाज़ी करेंगे।

नाना : मेहरबानी आपकी। इससे दूसरा सवाल पैदा होता है—क्या हम आपके दोस्त हैं?

मालेट : नाना साहिब, आप तो मज़ाक कर रहे हैं। क्या ऐसा सवाल ज़रूरी है?

नाना : तो आपके दोस्त कौन हैं?

मालेट : सर, आपके इज़्ज़ते-माब पूना दरबार के अलावा एक दूसरे मराठा सरदार सिन्दिया, हैदराबाद के निज़ाम, कर्नाटक और अवध के नवाब, ट्रावनकोर और कोचीन के राजा।

नाना : अजीब लोग हैं। सिन्दिया और निज़ाम से मैं नफ़रत करता हूँ। जल्द ही उन दोनों को सबक़ सिखाऊँगा। बाकी दूसरों को तो मैं हिक़ारत की निगाह से देखता हूँ।

मालेट : जो कुछ मैंने पहले कहा है, उस तआल्लुक़ से मुझे और कुछ नहीं कहना।

नाना : हैरत है कि मैसूर के टीपू सुल्तान ख़ान साहब का नाम आपकी दोस्ती की फ़ेहरिस्त से ग़ायब है।

मालेट : जैसा कि आप जानते हैं नाना साहेब, उनसे हमें कुछ परेशानी है।

नाना : समझा, समझा! किसी से पायदार अमन का मोआहेदा अंग्रेज़ों के लिए दोस्ती की निशानी नहीं होती।

मालेट : ओह! दोस्ती की निशानी ज़रूर होती है। माफ़ कीजिए, अगर मेरी बात का मतलब कुछ और निकला हो तो!

नाना : अभी हाल ही में आपने मंगलूर में टीपू सुल्तान ख़ान साहेब के साथ दोस्ती का मोआहेदा किया है।

मालेट : मंगलूर में दोस्ती मोआहेदा हम पर थोपा गया था।

नाना : *(बात को समझाते हुए)* मालेट साहिब, जो हारा हुआ होता है, उस पर मोआहेदे थोपे ही जाते हैं। अफसोस के साथ कहना पड़ता है कि तुम्हारे सारे दोस्त नाकारा और बुज़दिल हैं। हाँ, मेरी नज़र में टीपू सौ निज़ाम के बराबर है। मैं तो अंग्रेज़ों को दोग़ला मानता हूँ।

मालेट : जनाब, ये सच नहीं है।

नाना : आहमी मराठा नी। हम मराठाओं ने भी टीपू सुल्तान के साथ पायदार अमन का मोआहेदा किया है। और हमें अंग्रेज़ों से ज़्यादा अपनी बात का लेहाज़ है। मैं टीपू सुल्तान के वकीलों से बात करना ज़्यादा पसन्द करूँगा जो इस वक़्त बाहर मेरा इन्तज़ार कर रहे हैं, कम-अज़-कम वो तो मुझे उल्लू नहीं समझते।

मालेट : जनाब, मेरी आपसे गुज़ारिश है, अगर अगर आप बुरा न मानें तो जैसे ही लौर्ड कॉर्नवालिस ने हिन्दुस्तान में क़दम रखा, उन्होंने यहाँ के बोर्ड ऑफ कंट्रोल को यक़ीन दिलाया कि हम न तो मैंगलोर मोआहेदे और न ही पिट्स इंडिया ऐक्ट के ऐलाननामे की ख़िलाफ़ वर्ज़ी करेंगे।

नाना : मिस्टर मालेट! तुम्हारे दिमाग़ में दस्तावेज़ात घूमते रहते हैं। तुम मुझे एक-दूसरे से अलग बातें सुनाकर

परेशान न करो। मैं ब्राह्मण हूँ, और इस मामले में तुमसे ज़्यादा होशियार और माहिर।

मालेट : तब तो हम अपनी बातचीत को हक़ीक़त तक ही महदूद रखें, सर?

नाना : ये ठीक रहेगा। हाँ, सिर्फ़ हक़ीक़त तक।

मालेट : ठीक है, इनमें से सिर्फ़ एक ही बात है जिसका ताल्लुक़ हमारी बातचीत से है, वो है—राजा ऑफ़ ट्रावनकोर, जिस पर टीपू ने हमला किया था। वो हमारे दोस्तों में से है, जैसा मैंने बताया था।

नाना : तिरुविन्दाकूर का राजा एक छोटा-मोटा शरारती चूहा है। वो टीपू सुल्तान से इज़्ज़त से फ़ासला बनाकर रखता, अगर लौर्ड कॉर्नवालिस उसकी शरारतों में उसकी मदद न करता।

मालेट : हमारे दोस्तों को तंग किया जाए और हम हाथ पर हाथ धरे तमाशा देखें, ये हमसे नहीं होगा।

नाना : ठीक है, तो फिर आप जाइए, टीपू सुल्तान से लड़िए। मैं तो उनके ख़िलाफ़ नहीं हूँ।

मालेट : सिवाय इसके कि एक बड़ा हिस्सा मराठा सल्तनत का टीपू के वालिद ने क़ब्ज़ा कर लिया था, जिसे आज भी टीपू ने अपने पास रखा है।

[विराम]

आपकी जानकारी के लिए, जब टीपू ने मराठा से अमन का मोआहेदा किया तो उसने वो सारे इलाक़े वापस किए जो उसने हासिल किए थे। लेकिन वो इलाके जो इसके वालिद ने क़ब्ज़ा किए थे वो नहीं लौटाए। सर, जैसे सारी दुनिया मराठों की बहादुरी की क़ायल है, वैसी ही टीपू की बहादुरी की भी।

अगर मराठे टीपू का अकेला मुक़ाबला करें तो कोई नहीं जीतेगा। अगर आप मुझे खरी-खरी कहने की इजाज़त दें तो कहूँ, अगर आप टीपू पर दबाव भी डालें तब भी उसके वालिद के छीने हुए इलाक़े वापस नहीं ले सकते। ये एक ऐसी हक़ीक़त है जिसे आप जैसे दानिश्वर नाना साहब भी इनकार नहीं कर सकेंगे।

नाना : और नाना तुम्हारी इस चालाकी से भरपूर साज़िश से भी इनकार नहीं करेंगे। उस वक़्त दुनिया भी झट से ये देख लेगी कि आख़िर मराठों को अंग्रेज़ों की ज़रूरत क्यों पड़ गई?

मालेट : सर, लौर्ड कॉर्नवालिस को पता है कि इस क़िस्म की ग़लतफहमियाँ पैदा हो सकती हैं। और वो इसे दूर करना चाहते हैं। इसीलिए उनका मशवरा ये है की हम तीनों यानी मराठा, निज़ाम और ऑनरेबल कम्पनी अलग-अलग रहते हुए, लेकिन एक साथ टीपू पर हमला करेंगे। हम ज़ाहिरी तौर पर अलग-अलग रहेंगे, पर हमला तीन अलग तरफ़ से एक साथ बोलेंगे।

[विराम]

मराठों से उनका इलाक़ा छीना गया। निज़ाम से भी छीना गया और ट्रावनकोर के राजा पर हमला किया गया। जनाब, ईमानदारी की बात तो ये है कि हम अंग्रेज़ ये नहीं चाहते कि वो लड़ाकू फ्रांसीसियों से साज़-बाज़ करे। ये बात और है कि हालिया मोआहदे की बिना पर फ्रांसीसी हमारे दोस्त हैं। गवर्नर जनरल को ये उम्मीद है कि इससे मराठा सरदार को ये मौक़ा

मिल जाएगा कि टीपू सुल्तान के वालिद हैदर अली ने जो इलाक़े आपसे छीन लिये थे, वो आपको वापस मिल जाएँगे, और इस तरह वो हमारे साथ मिलकर उस आदमी को सज़ा देने में कामयाब हो जाएँगे, जो इनसानों का दुश्मन है।

नाना फडनवीस : *(ग़ौर करते हुए)* हूँ। हूँ।

दृश्य-5 समाप्त

दृश्य-6

[टीपू के महल का ज़नानख़ाना। टीपू रुक़ैया बानो के बिस्तर पर अकेले बैठे हैं और जो खेल-तमाशा हो रहा है, उसे देखते हुए मुस्कुरा रहे हैं। स्टेज से बाहर हमें एक मशीनी शेर की ग़ुर्राहट और एक गुड़िया की इनसानों जैसी चीख़ सुनाई पड़ती है। आवाज़ हू-ब-हू शेर और इनसान की है। लेकिन जल्द ही लड़कों का बेसाख़्ता हँसना इस डरावनी कैफ़ियत को ख़त्म कर देता है।]

रुक़ैया बानो : *(स्टेज से बाहर हँसते हुए)* इसके बाद क्या सोचेंगे?

मुइज़ुद्दीन : *(स्टेज से बाहर)* क्या मैं फिर से खेलूँ?

रुक़ैया बानो : *(स्टेज से बाहर)* बहुत हो गया। मुइज़ुद्दीन, ये बहुत ख़तरनाक खिलौना है।

मुइज़ुद्दीन : *(स्टेज से बाहर)* एक बार और दो न!

टीपू सुल्तान : खेलने दो न! तुम क्यों रोक रही हो?

[एक बार और ग़ुर्राने और चीख़ने की आवाज़ जिसमें शहज़ादों की ख़ुशी की चीख़ मिली हुई है। रुक़ैया बानो अन्दर दाख़िल होकर पलंग पर लेट जाती हैं। उनकी तबीयत ठीक नहीं लग रही है। अब्दुल ख़ालिक़ अन्दर आता है और माँ के क़रीब बैठता है। मुइज़ुद्दीन और फ़तेह हैदर स्टेज के बाहर हैं।]

मुइज़ुद्दीन : *(स्टेज के बाहर से)* ये तो बिलकुल असली लगता है—डरावना!

फ़तेह हैदर : काश, इसमें थोड़ा ख़ून होता, तो ये और भी डरावना लगता, है न?

रुक़ैया बानो : चुप बैठो फ़तेह हैदर। तुम दोनों इधर आओ। ये खिलौना वैसे ही बहुत ख़ौफ़नाक़ है, मुझे बिलकुल पसन्द नहीं।...आप ऐसी ख़तरनाक चीज़ें बच्चों के लिए क्यों मँगवाते हो?

टीपू सुल्तान : जब मैं इनकी उम्र का था तो मुझे ख़ून की होलियाँ खेलनी पड़ती थीं। तुमने इनको बहुत नाज़ुक बना दिया है।

अब्दुल ख़ालिक़ : माँ, आप भी तो इन खिलौनों से खेलकर हँस रही थीं!

टीपू सुल्तान : हाँ, बेटा, देखो न!

रुक़ैया बानो : यही तो मुझे पसन्द नहीं। जब एक इनसान को शेर नोच-फाड़कर खा रहा हो, मैं वहाँ खड़ी होकर देख नहीं सकती। तो फिर ये क्यों देखूँ जब एक शेरनुमा खिलौना इनसान पर हमला करे? ये ग़ैर-फ़ितरी है।

[फ़तेह हैदर और मुइज़ुद्दीन बड़ी ख़ुशी से अन्दर दाखिल होते हैं।]

फ़तेह हैदर : लेकिन माँ, ये देखो तो मशीन का कमाल! बिलकुल असली, एक दम ज़िन्दा!

टीपू सुल्तान : फ्रांसीसी इस क़िस्म की चीज़ें बनाने में माहिर हैं।

फ़तेह हैदर : अब्बू, क्या हमारे कारीगर ऐसी चीज़ें नहीं बना सकते?

टीपू सुल्तान : हाँ, बेटा। दरअसल मैंने चनपटना के खिलौने बनानेवाले कारीगरों से पूछा भी था। उसके बाद फ्रांसीसियों से बनाने के लिए कहा। पता है, हमारे कारीगरों ने क्या जवाब दिया? उन्होंने कहा—जनाब, हमारी क़दीम रिवायात सिर्फ़ ख़ूबसूरती से जुड़ी चीज़ें बनाने के लिए है। ऐसी ख़ौफ़नाक़ चीज़ ग़ैर-मुल्कियों को ही अच्छी लगती है, वही बनाएँ।

[रुक़ैया बानो टीपू के साथ मिलकर हँसती हैं।]

इनकी जसारत तो देखो! मैंने इस बंजर से गाँव को शीशों के आलात, मौसिक़ी के साज़ और लकड़ी के खिलौने बनाने का मरकज़ बनाया। अब वो हमें जमालियात के अख़लाक़ी पहलू का सबक़ दे रहे हैं।

रुक़ैया बानो : इन्होंने अच्छा ही किया। मैं तो ये चाहूँगी कि ऐसी सोच रखनेवाले कुछ और लोग आपके आस-पास रहें।

मुइज़ुद्दीन : अब्बू! ये आदमी, जिस पर शेर हमला कर रहा है, क्या वो अंग्रेज़ है?

टीपू सुल्तान : सही पहचाना। वो अंग्रेज़ है।

मुइज़ुद्दीन : क्या इसलिए कि फ्रांसीसी अंग्रेज़ों को पसन्द नहीं करते?

टीपू सुल्तान : और मैं भी इन्हें पसन्द नहीं करता।

रुक़ैया बानो : और वो आपको पसन्द नहीं करते।

टीपू सुल्तान : ठीक कहती हो। *(बच्चों से)* सुनो, एक बात बताता हूँ। मेरी ज़िन्दगी में दो उस्ताद आए—एक, मेरे

वालिद जिन्होंने मुझे जंग लड़ना सिखाया और एक दूसरे, अंग्रेज़ जिनसे मैंने तिजारत सीखी। उनसे मैंने ये सीखा कि अब ऊँटों का दौर गुज़र गया और अब दौर है दरिया में जहाज़ चलाने का। अब अंग्रेज़ मुझसे ही नफ़रत करते हैं कि मैं इनका इतना होशियार शागिर्द कैसे बन गया।

रुक़ैया बानो : अब वो आपके पीछे क्यों पड़े हैं?

टीपू सुल्तान : कुछ पता नहीं। मैंने तो मद्रास में अंग्रेज़ गवर्नर से कहा था कि वो अपने नुमाइन्दे यहाँ भेज दें ताकि हम अपने इख़्तेलाफ़ात दूर कर सकें। लेकिन उसने इनकार कर दिया। इसलिए कि वो दूसरे हिन्दुस्तानी राजाओं की नज़र में गिर जाएँगे।

रुक़ैया बानो : आप उनसे ये उम्मीद भी कैसे कर सकते हैं कि वो ऐसे शख़्स को चाहें जो इस क़िस्म के डरावने खिलौनों से खेलता है?

टीपू सुल्तान : उनके पास इससे बेहतर वज़ाहत है। मैंने अपने दरबार में अंग्रेज़ रेजिडेंट रखने से इनकार कर दिया।

मुइज़ुद्दीन : क्या हम इससे और खेलें?

रुक़ैया बानो : नहीं, अब नहीं। मैं थोड़ा थक गई हूँ। ज़रा लेटना चाहती हूँ।

टीपू सुल्तान : लेट जाओ। एक तकिया और लगा लो। फ़तेह हैदर आओ, इस खिलौने को दीवाने-आम में रख दो, कहीं तुम्हारी माँ इसे गोली न मार दें।

फ़तेह हैदर : *(हँसते हुए)* हाँ, अब्बू।

टीपू सुल्तान : अब्दुल ख़ालिक़, क्या तुम शहज़ादों की तरह नहीं बैठ सकते? तुम्हारी अम्मी आराम करना चाहती हैं। तुम्हें हर वक़्त उनके बिस्तर पर यूँ नहीं घुसना चाहिए।

रुक़ैया बानो : रहने दो न, मेरा बच्चा है। आ बेटे!

टीपू सुल्तान : और वो बच्चा ही रह गया। देखो ज़रा मुइज़ को, वो तुमसे छोटा है, पर माँ की गोद से चिपका नहीं रहता।

रुक़ैया बानो : बस, बस। अब चुप रहो। एक तो आप बच्चों के साथ वक़्त नहीं बिताते और उनको हमेशा डाँटते रहते हैं। आओ, बैठो यहाँ, ज़रा आराम करो। आप उनके वालिद हैं न कि सरकारे ख़ुदादाद? आप हमेशा ऐसा ही करते हैं। बैठ जाइए, ख़ुदा के वास्ते।

टीपू सुल्तान : ये सरज़मीं हमारी है। ये हर वो फितरी वसायल से मालामाल है जिसकी तलाश सारी दुनिया को है। क्या हम इस ग़ैरमुल्कियों को यहाँ आकर इसे लूटने दें? आज हमारी हर रियासत का राजा अफ़ीम के नशे में मदहोश है और नशीले ख़्वाब देख रहा है। लेकिन एक दिन वो अपनी मदहोशी से ज़रूर जागेंगे और यूरोपियंस को यहाँ से भगा देंगे। इसीलिए उनके पास यहाँ के वसाइल से फ़ायदा उठाने का यही एक रास्ता रह गया है कि वो यहाँ के हुक्मरान बन जाएँ। अब तो बात ये रह गई, कि या तो वो, या हम।

तुम इसकी फ़िक्र छोड़ो। बस, आराम करो। हकीम तुम्हारा ख़याल रखेंगे। तुम इन छोटी–छोटी बातों में उलझा न करो। और भी लोग हैं जो महल के ज़रूरियात का ख़याल रखेंगे।

रुक़ैया बानो : नहीं, मुझे इसकी फ़िक्र नहीं। मुझे तो आपकी फ़िक्र है।

टीपू सुल्तान : मैं अंग्रेज़ और निज़ाम को ऐसा सबक़ सिखाऊँगा कि वो ज़िन्दगी भर याद रखेंगे।

रुक़ैया बानो : आपको मराठों के बारे में बड़ी फ़िक्र है?

टीपू सुल्तान : हाँ। महाडजी शिंडे अंग्रेज़ों को खूब समझते हैं। सिर्फ़ पुणे के मराठे ला-एतबार और अज़मत के पक्के नहीं हैं। पर मुझे उनकी मदद की ज़रूरत है, इसलिए मैंने उनसे अमन कायम कर रखा है जब तक वो इस लड़ाई से दूर रहें। और मैंने उनका वो इलाक़ा भी वापस कर दिया है जो मैंने उनसे हासिल किया था। मुझे अब फ़िक्र की कोई बात नहीं।

हसीना : *(अन्दर आते हुए)* ख़ुदा आपकी हिफ़ाज़त करे, जहाँपनाह! इज़्ज़ते-माब मीर सादिक़ हमारे वकीलों के साथ पूणा से लौट आए हैं।

टीपू सुल्तान : ये लो, हम मराठों की बात कर रहे थे और हमारे वकील पूणा से लौटकर आ गए। ये अच्छे आसार नहीं हैं। ख़ैर, जो अल्लाह की मर्ज़ी! तुम अपना ख़याल रखो, रुक़ैया।

[टीपू जाते हैं।]

मुइज़्ज़द्दीन : मैं भी अब्बू के साथ जा रहा हूँ।

[मुइज़ भी जाता है।]

हसीना : बीबी, सारा महल ग़ुस्से से गरमा गया है।

रुक़ैया बानो : क्यों, क्या हुआ?

हसीना : हमारे वकील पूणा से भगा दिये गए हैं। अंग्रेज़ अपनी मक्कार चाल में कामयाब हो गए हैं। मराठों ने भी हम पर हमला कर दिया है।

अब्दुल ख़ालिक़ : क्यों अम्मी? क्या वकीलों का वापस आना हमारे लिए अच्छा नहीं है?

रुक़ैया बानो : कुछ मत पूछो बेटा। मेरी साँस रुकी जा रही है। मुझे डर है, अल्लाह न करे, ये क़हर हम पर न टूटे!

[रुक़ैया की साँसें भर आती हैं। हसीना घबराकर पुकारती है :]

हसीना : बी बी! बी बी!

अब्दुल ख़ालिक़ : अम्मी! अम्मी! अम्मी को क्या हुआ?

हसीना : शहज़ादे बाबा, आप यहीं अम्मी के पास ख़ड़े रहिए, मैं हकीम साहब को ले आती हूँ। हाँ, आप देखते रहिए। (हसीना दौड़कर बाहर जाती है।)

[किरमानी और मेकेंज़ी]

मेकेंज़ी : सन् 1790 में लौर्ड कॉर्नवालिस ने मैसूर पर हमला किया। निज़ाम और मराठा ने भी उसी वक़्त एक साथ हमला किया। दो साल तक लगातार आमने-सामने लड़ाई चलती रही। कॉर्नवालिस सेरिंगापटम के क़िले तक पहुँच गया। फिर वो क़िले की दीवारों को देखकर हिम्मत हार गया, और दिल शिकस्त होकर पीछे होने लगा। इस मुहिम के दौरान एक ऐसे मुक़ाम पर पहुँचा जहाँ उसने अपने दोस्त बिशप ऑफ लिचफिल्ड को ख़त लिखा।

कॉर्नवालिस : *(अन्दर आते हुए)* मेरी हिम्मत अब जवाब दे रही है, और अगर मैंने टीपू पर जल्द ही फ़तेह हासिल न कर ली तो इस जंग के सबब फैल रहा ताऊन और दूसरी बीमारियाँ जल्द ही मुझे ख़त्म करेंगी। *(कहकर चला जाता है)।*

किरमानी : लेकिन वापस मुड़ते हुए अंग्रेज़ फ़ौज मराठा के साथ मिल गई क्योंकि इनके पास सप्लाई की कमी नहीं थी। फिर दोनों ने मिलकर सेरिंगापटम पर हमला किया। टीपू सुल्तान ने मजबूर होकर उनसे अमन तलब किया।

दृश्य–6 समाप्त

पहला ऐक्ट समाप्त

ऐक्ट-2

दृश्य-7

[23 फरवरी, 1792, सेरिंगापटम जामा मस्जिद का सहन भरा हुआ है— मोअम्मर शहरियों, दरबारियों, अफसरान और फौजियों से। सभी के चेहरों पर बेचैनी जो हलके से धीमी पड़ रही थी, तभी पूर्णैया ने बोलना शुरू किया :]

पूर्णैया : मोअज़िज हाज़रीने दरबार, सरकारे अहमदी ने मुझसे कहा है कि उनकी जानिब से, आप सबसे इस तवील इन्तज़ार के लिए माज़िरत चाहूँ। बड़े हकीम साब अपने सलाहकारों के साथ यहाँ पहुँच चुके हैं। जैसे ही तशख़ीस मुकम्मल होगी, सुल्तान भी यहाँ पहुँचेंगे।

दरबारी-1 : इज़्ज़ते-माब पूर्णैया साहब, क्या हम मलिका साहिबा की सेहत के बारे में जान सकते हैं?

पूर्णैया : सुल्तान की ख्वाहिश है कि आपको इत्तिला दे दी जाए कि हकीम साहबान भी इस बीमारी का पता लगाने में लगे हुए हैं। जैसा कि आप सब जानते हैं कि मलिका साहिबा पिछले कई दिनों से इस बुख़ार में मुब्तला हैं, जो कम होने का नाम ही नहीं ले रहा है।

दरबारी-2 : कहीं ऐसा तो नहीं कि जिन मुश्किल हालात से हमारी सरकार इस वक़्त गुज़र रही है, उसका असर मलिका पर हुआ हो।

पूर्णैया : यक़ीनन। मलिका साहिबा हम सबको बच्चों की तरह चाहती हैं। उन्हें सुल्तान की सेहत की भी फ़िकर रहती है। आप सब जानते भी हैं कि इन दिनों वो सख़्त दबाव में हैं।

मीर सादिक़ : *(ऐलान करते हुए)* सुल्तान सलामत रहें!

मजमा : *(सब एक साथ)* अल्लाह ताला सुल्तान की उम्रदराज़ करे। मलिका को शिफ़ा अता फरमाये। आमीन!

टीपू सुल्तान : इंशा अल्लाह!

मजमा : इंशा अल्लाह!

[एक लम्बा वक़्फा]

टीपू सुल्तान : मैं इस ताख़ीर के लिए आप सबसे माज़िरत चाहता हूँ। आप सब मोअज़िज़ हज़रात, ये सल्तनते ख़ुदादाद आप जैसे सुतूनों पर खड़ी है। क्या आप जानते हैं कि मैंने आप सबको यहाँ क्यों बुलाया? दुश्मनों ने हमारे शहर को अज़दहे के फन्दे की तरह कस लिया है।

इज़्ज़ते-माब ग़ुलाम अली ख़ाँ अभी-अभी फ्रांस से वापस आए हैं। उन्हें ग़ैर-मुल्कियों से बात करने का तजुर्बा है। इसलिए मैंने उन्हें दुश्मनों से बातचीत करने के लिए भेजा था। उनका इन्तेख़ाब बहुत सोच-समझकर किया गया था। हमारे तीन दुश्मन हैं—अंग्रेज़, मराठा और निज़ाम। लेकिन बातचीत में सिर्फ़ अंग्रेज़ों ने ही हिस्सा लिया। बाक़ी दोनों खामोशी से अपनी रज़ामन्दी ज़ाहिर करते हैं।

[मजमा बेचैन होता है।]

ग़ुलाम अली ख़ान अमन के सुलहनामे की शरायत के साथ यहाँ लौट आए। मुझे आप सबकी सलाह चाहिए कि हमारी आगे की कार्रवाई क्या हो? हम सब यहाँ जामा मस्जिद के सहन में जमा हुए हैं। मैं आपके सामने ये क़ुरआन शरीफ़ रखता हूँ और इसे हाज़िर-नाज़िर जानकर जो कुछ भी आपका दिल कहे, खुलकर अपनी बात सामने रखें। इज़्ज़ते-माब पुर्णैया, क्या आप सुलहनामे की शरायत पढ़कर सुनाएँगे जिसे लौर्ड कॉर्नवालिस ने लिखाया है?

पूर्णैया : चार अहम शरायत हैं। पहली तो ये कि ख़ुद सुल्तान और उनके वालिद मरहूम जनाब हैदर अली साहब ने जिन अंग्रेज़ों को क़ैद किया था, उन सभी को बिना शर्त रिहा किया जाए।

टीपू सुल्तान : इस शर्त के ताल्लुक़ से इज़्ज़ते-माब ग़ुलाम अली ख़ान ने क्या कहा, ये उन्हीं से सुनते हैं।

ग़ुलाम अली : इस शर्त को लेकर अंग्रेज़ों ने गालियाँ भी दीं। उन्होंने कहा कि हमने उनके जंगी कैदियों के साथ बुरा सुलूक किया है। हमने उन्हें बताया कि उन क़ैदियों के साथ हमने वही बर्ताव किया जैसा कि अपने क़ैदियों के साथ करते हैं—चाहे वो हमें कितना ही क्यों न भड़काएँ। फिर हमने उन्हें बताया कि जिन अंग्रेज़ों ने ख़ुद को हमारे हवाले किया था, वो आज भी जंगी क़ैदी की हैसियत से ज़िन्दा हैं, जबकि हमारे आदमी जिन्होंने खुद को उनके हवाले किया था, वो आज कहाँ हैं? उनके साथ क्या हुआ? इसका कोई जवाब नहीं मिला।

[मजमे की बड़बड़ाहट सुनाई देती है।]

टीपू सुल्तान : आगे पढ़िए इज़्ज़ते-माब पूर्णैया।

पूर्णैया : दूसरी शर्त। हमारे आधे से ज़ियादा इलाक़े जो अंग्रेज़ों, मराठों और निज़ाम के इलाक़ों के नज़दीक हैं, उन सबको उन्हें देना होगा।

[मजमे की बड़बड़ाहट में ग़ुस्सा सुनाई देता है।]

शहरी-1 : ये तो हमारी तौहीन है। हम क्यों मानें? सुल्तान, हम जंग जारी रखेंगे।

शहरी-2 : हम उस वक़्त तक लड़ेंगे जब तक हमारा आख़िरी आदमी मारा नहीं जाता। इससे तो...

टीपू सुल्तान : *(ख़ामोश कराते हुए अपना हाथ उठाते हैं।)* क़िलेदार नदीम ख़ान, तुम क़िले के मुहाफ़िज़ हो। तुम क्या कहते हो?

नदीम : *(नदीम कुछ झिझककर)* अगर लड़ाई सिर्फ़ अंग्रेजों से होती तो हम फौरी तौर पर हमला कर सकते थे और उसी तरह उनको मार भगाते, जैसा कुछ महीने पहले भगाया था। लेकिन अब मराठे उनके साथ हैं।

मीर सादिक़ : और अब निज़ाम की फौज भी एक हफ़्ता पहले उनके साथ मिल गई है।

टीपू सुल्तान : हमारे अपने ही हमारा रास्ता रोक रहे हैं। मैंने निज़ाम को लिखा है। इस्लाम के माननेवालों को एकता और इत्तेहाद के फ़ायदे मालूम हैं। हम किस तरह अपने दीन व ईमान के बताए रास्तों पर चल सकते हैं? मैं वैसा ही करूँगा, जैसा आप मशवरा देंगे।

[विराम]

लेकिन हमारे ख़त का जवाब तक नहीं दिया और हमें नज़रअन्दाज़ किया गया। इज़्ज़ते-माब क़मरुद्दीन

हमारी फ़ौज की शुजाअत और हौसले का क्या हाल है?

क़मरुद्दीन : दो साल से हम बड़ी जुर्रत और शुजाअत के साथ लड़ते ही आ रहे हैं। लेकिन अब सिपाही थक गए हैं। कई हफ़्तों से उन्हें चैन से सोने की मोहलत नहीं मिली। अब तो ये हाल है कि वो खड़े-खड़े ही सो लेते हैं। मुझे नहीं मालूम, वो और कितने दिन मुक़ाबला कर पाएँगे।

टीपू सुल्तान : क़िलेदार साहेब, क्या आप क़मरुद्दीन से मुत्तफ़िक़ हैं?

नदीम : हाँ, सुल्तान।

टीपू सुल्तान : तो अब हमारे पास कोई रास्ता नहीं बचा, सिवाय इसके के हम उनके साथ सुलह कर लें।

[विराम]

ख़ुदा ने जो चाहा, वही होगा। आप अपनी तवानाई इन बातों पर ख़र्च न करें। इलाक़े आते हैं, चले जाते हैं। हम लड़ते हैं। जीतते हैं। हारते हैं। चलो, आगे बढ़ो।

पूर्णैया : तीसरी शर्त। छह करोड़ रुपये—जंगी हरजाना।

ग़ुलाम अली : इस शर्त पर अंग्रेज़ों ने मुझसे कहा कि हम अपनी मालगुज़ारी की रसीदें उन्हें दिखा दें। हमारे आला पेशकार ने दिखाया भी तो अंग्रेज़ों ने हमारे हिसाब-किताब पर शक का इज़हार किया।

[मजमा फिर बेताब होता है।]

टीपू सुल्तान : ख़ामोश! मोहतरम ग़ुलाम अली ख़ान को अपनी बात पूरी करने दो।

ग़ुलाम अली : हमने उन्हें बताया कि अगर वो अपने साथी, मराठा या निज़ाम से इसी तरह का हिसाब माँगें तो वो कोई हिसाब नहीं दे सकेंगे।

[विराम]

क्योंकि उनके पास इस तरह का कोई निज़ाम नहीं है।

[सामाइन के हँसने की आवाज़ें]

टीपू सुल्तान : अफ़सोस की बात तो ये है कि निज़ाम और मराठा के नुमाइन्दे जो वहाँ मौजूद थे, उस वक़्त बिना कुछ कहे शर्म के मारे खामोश सुनते रहे।

[विराम]

पूर्णैया, आगे बढ़ो।

[ख़ामोशी]

पूर्णैया...

[विराम]

जनाब, आगे बोलो।

पूर्णैया : *(ख़ुद पर क़ाबू पाते हुए)* हुज़ूर, मैं आगे नहीं पढ़ सकता। मुझे माफ़ करें।

टीपू सुल्तान : ठीक है। मैं ख़ुद ही इसे पढ़ूँगा। लाइए, वो काग़ज़ दीजिए।

[पढ़ते हैं :]

आख़िरी शर्त। अंग्रेज़ों को बतौरे-ज़मानत दो शख़्स दिये जाएँ जिसे वो अपने पास उस वक़्त तक रखेंगे जब तक सुलहनामे की शरायत तय नहीं होती और उन पर दस्तख़त होकर मोहर नहीं लग जाती।

[विराम]

और वो दो शख़्स, जो उन्हें चाहिए, उनके मुताबिक़ वो मेरे अपने वारिस हों।

[विराम]

मेरे अपने, दो बेटे।

[मजमा, बेचैनी से ग़ुस्से में। एहतिजाज की आवाज़ें।]

शहरी-1 : ये बर्दाश्त की हद हो गई।

शहरी-2 : अगर हमारे फौजी ये बात सुन लें तो वो अभी दौड़कर अंग्रेज़ों की धज्जियाँ उड़ा देंगे।

शहरी-3 : जनाबेआली। ये तो सरासर तौहीन है हमारी। आप हमारी इल्तेजा क़बूल करें। ऐसी शर्त न मानें। इससे बेहतर है, हम अपनी जान दे देंगे...।

शहरी-4 : ये शर्त तो वहशियाना है।

टीपू सुल्तान : मुअज़्ज़िज़ हज़रात, आप ज़रा सब्र से काम लें। थोड़ी देर के लिए खामोश हो जाएँ। इज़्ज़ते-माब ग़ुलाम अली खान साहब, आप ज़रा फिर से इन सबको बतलाओ कि लौर्ड कॉर्नवालिस ने क्या कहा।

ग़ुलाम अली : अंग्रेज़ लौर्ड ने बताया है कि उनका अपना एक ही लड़का है और वो उसे बेइन्तेहा चाहते हैं, बतौरे-

वालिद वो अपनी मोहब्बत उस पर निछावर करते हैं। लेकिन उन्होंने यक़ीन दिलाया कि अपने ख़ुद के बेटे से कहीं ज़्यादा सुल्तान के बेटों का ख़याल रखेंगे।

[विराम]

टीपू सुल्तान : बजाय इसके, कि वो हमारे दो बेटों का नाम लेते, वो हमारे किन्हीं भी दो बेटों को क़बूल कर लेंगे जिन्हें हम भेजेंगे। हम किसको भेजें ? फ़तेह हैदर ? हाँ, वो सबसे बड़ा है और समझदार भी। उसे भेजा जा सकता है। लेकिन अंग्रेज़ बड़े लड़के को क़बूल नहीं करेंगे, क्योंकि उसकी माँ मेरी मनकूहा नहीं थी।

[मजमे में रद्दे अमल ज़ाहिर होता है।]

टीपू सुल्तान : अब दो ही लड़के बचे हैं जिन्हें भेजा जा सकता है। एक अब्दुल ख़ालिक़ जो आठ साल का है और मुइज़ुद्दीन जो उससे कुछ महीने छोटा है।

[मजमे में ख़ौफ़नाक ग़ुस्सा, बेचैनी, चीख़ व पुकार। फिर आहिस्ता-आहिस्ता ख़ामोशी छा जाती है।]

बाक़ी दूसरे अभी दूध पीते बच्चे हैं। क्या मैं अपने दोनों बच्चों को बतौरे-ज़मानत भेजूँ ?

[मजमे में 'नहीं, नहीं' ऐसी शर्त क़बूल न करें की ज़ोर-ज़ोर से आवाज़ें]

तो क्या मैं इस शहर की बरबादी क़बूल करूँ ?

[विराम]

बस, अब हमें इन दोनों में से एक को चुनना है।

[लम्बी ख़ामोशी]

ये एक नई ज़बान है जो हमारे मुल्क में वारिद हुई है अंग्रेज़ी, ये इसी ज़बान की सक़ाफ़त है अंग्रेज़ों की। सात और आठ साल के नन्हे बच्चे, बतौरे-ज़मानत।

शहरी : ये शहर उस वक़्त तक कैसे महफ़ूज़ रह सकता है, जब तक कि हमारे शहज़ादों की ज़िन्दगियाँ ख़तरे में हैं?

टीपू सुल्तान : ख़तरा? लेकिन कैसा ख़तरा? क्या आपने सुना नहीं, लौर्ड कॉर्नवालिस ने क्या कहा है? अंग्रेज़ हमारे बच्चों को नुक़सान नहीं पहुँचाएँगे। न वो बच्चों को ज़हर देंगे, न मार देंगे। इससे उनको कोई माली फ़ायदा भी नहीं मिलेगा। क्या मेरे बच्चों को नुक़सान पहुँचाने से जौन कम्पनी को सोना, चाँदी या ज़मीन मिलेगी? वो तो मेरे बच्चों को नुक़सान पहुँचा ही नहीं सकते।

[वक़्फ़ा— जज़्बात पर क़ाबू पाते हुए]

हाँ, ख़तरा इस बात का है कि वो मेरे बेटों को अपनी ज़बान सिखाएँगे—अंग्रेज़ी। एक ऐसी ज़बान जिसमें ये समझाया जाएगा कि बच्चों को भी गिरवी रखा जा सकता है। हाँ, मैं इतना ज़रूर कर सकता हूँ कि उनके शरायत पर राज़ी होकर इस मोआहदे पर जल्द से जल्द दस्तख़त कर दूँ, इससे पहले कि मेरे बच्चे उनकी ज़हनियत से सोचने लगें।

[विराम]

इसलिए हम उनके शरायत क़बूल करते हैं। जनाब मीर सादिक़, सरकारी मोहर ले आओ। हम अपना दस्तख़त करते हैं। देखिए मेरे अज़ीज़ हज़रात, मेरे श...

[उनकी आवाज़ भर आती है। एक लम्बा वक़्फ़ा। मीर सादिक़ से मुख़ातिब होकर :]

क्या आप इन मुअज़्ज़िज़ हाज़रीन का यहाँ तशरीफ़ लाने के लिए शुक्रिया अदा करेंगे? और साथ में ये सुना दीजिए कि आज की ये कार्रवाई यहाँ ख़तम होती है। फिर मुलाक़ात होगी। अचानक ऐसे लगा कि मेरी आवाज़ ही खो गई हो!

मीर सादिक़ : *(रोते हुए)* मुअज़्ज़िज़ हज़रात! आप सबसे गुज़ारिश हैं कि सुल्तान को अकेला छोड़ दें।

[मजमा वहाँ से आहिस्ता-आहिस्ता ख़ाली होता हैं। सबकी आँखों में आँसू है। जब मीर सादिक़, ग़ुलाम अली ख़ान और क़मरुद्दीन जाने के लिए सुल्तान से इजाज़त चाहते हैं, टीपू उन्हें रुकने का इशारा करते हैं। वो बैठ जाते हैं। एक लम्बी ख़ामोशी छा जाती है।]

पूर्णैया : सुल्तान! मलिका साहेबा की जो मौजूदा हालत है, ऐसे में ये ख़बर सुनकर मालूम नहीं क्या गुज़रेगी! क्या उनकी सेहत इस सदमे को बरदाश्त कर पाएगी?

टीपू सुल्तान : अल्लाह हम सबसे नाराज़ तो हैं, पर उसने हमें पूरी तरह बेबस भी नहीं छोड़ा है। आज मुझे यहाँ आने में देर इसलिए हुई, क्योंकि आज मुझे रुक़ैया बानो बेग़म को हमेशा के लिए ख़ुदा हाफ़िज़ कहना था। आज सुबह वो अल्लाह को प्यारी हो गईं।

पूर्णैया : हे भगवान, रहम करना हम पर!

[सब सहम से जाते हैं और अफ़सोस का इज़हार करते हैं।]

टीपू सुल्तान : मैं उनकी आख़िरी साँस तक उनके पास बैठा रहा। मैं ख़ुशनसीब हूँ। वो ये जाने बग़ैर गुज़र गईं कि मैंने इस रियासत की ख़ातिर अपने बच्चों को रेहन रखा है।

मीर सादिक़ : लेकिन हुज़ूरेआला... ?

टीपू सुल्तान : मैंने सख़्त ताकीद की थी कि जब तक मेरा शहरियों से ख़िताब न होगा, कोई रोना–धोना नहीं होगा। मैं नहीं चाहता था कि जज़्बात और आँसू हमारे सलाहकारों के फ़ैसले को अन्धा कर दें।

[पसमंज़र से रोने और चीख़ने की आवाज़ें आती हैं।]

जो मर जाते हैं, वो ख़ुशी से चले जाते हैं। मैंने इतने लोगों को मरते हुए देखा है, अब मौत का मुझ पर कोई असर नहीं होता। अब मुझे फ़िक्र मेरे बच्चों की है। पूर्णैया, चन्नपटना के मन्दिर के बड़े नुजूमी को बुलाओ। उनसे कहो कि सितारों की चाल के मुताबिक मेरे बच्चों को रवाना करने का मुतबर्रिक वक़्त बताएँ। ग़ुलाम अली ख़ान साब, क्या आप अपने भतीजों के साथ जाएँगे ? कहीं मेरे नन्हे बच्चे ये न महसूस करें कि उनके अब्बू ने उन्हें बेसहारा छोड़ दिया है। हालाँकि देखा जाए तो बात वही है।

ग़ुलाम अली : हुज़ूर, मैं इनके साथ जाऊँगा। उनके साथ हर लम्हा बिताऊँगा, जब तक वो आपके पास वापस नहीं आ जाते।

टीपू सुल्तान : *(जोश में आकर)* मीर सादिक़, अंग्रेज़ों से कह दो कि मेरे बच्चों का ख़ास इस्तिक़बाल करें—सारी सलामियों के साथ। वो शहज़ादे हैं। उनकी देख-रेख में कोई कमी नहीं होनी चाहिए। रत्ती-भर भी नहीं। *(ग़ुस्से से)* कोई कमी हुई तो मैं इसे हरग़िज बरदाश्त नहीं करूँगा।

मीर सादिक़ : जी, हुज़ूर।

टीपू सुल्तान : और हम इन्हें बहादुरों की तरह यहाँ से रुख़सत करेंगे। पूरे जोश-व-ख़रोश के साथ। ये इस सरज़मीन की इज़्ज़त की अलामत हैं। एक ऐसी शानोशौकत के साथ कि बैरूनी मुल्क के लोग अपना सर शर्म से झुका लें। और जिससे मेरी शर्म की लाज भी रह जाए।

दृश्य-7 समाप्त

दृश्य-8

[महल का अन्दरूनी हिस्सा। ग़ुलाम अली ख़ान दाख़िल होता है।]

ग़ुलाम अली : हसीना, हसीना?

हसीना : *(दाख़िल होती है)* जनाब!

ग़ुलाम अली : दोनों शहज़ादों को यहाँ बुलाओ—अब्दुल ख़ालिक़ और मुइज़ुद्दीन को। उनसे कहो कि मैं उनसे बात करना चाहता हूँ। सिर्फ़ इन दोनों को। याद रहे, कोई और नहीं। समझीं?

हसीना : जी, जनाब!

[वो बाहर जाती है।]

ग़ुलाम अली : *(अपने-आप बड़बड़ाते हुए)* या अल्लाह, तू मुझे इतनी हिम्मत और ताक़त दे कि मैं इस लम्हे का सामना कर सकूँ।

[मुइज़ुद्दीन, अब्दुल ख़ालिक़ और फ़तेह हैदर हसीना के साथ दाख़िल होते हैं।]

बच्चे : *(धीमी आवाज़ से)* अस्सलाम अलैकुम चाचाजान।

ग़ुलाम अली : वालैकुम सलाम बच्चो। ओह, फ़तेह हैदर, अरे!

हसीना : जनाब! मैं क्या करती? मैंने उनसे कहा भी कि सिर्फ़ आप दोनों...

ग़ुलाम अली : ठीक है, ठीक है। अब हमें अकेला छोड़ दो।

[हसीना वापस जाती है।]

[विराम]

देखो बच्चो! कभी-कभी ऐसा भी वक़्त आता है जब अल्लाह ताला हमारा इम्तिहान लेता है। ये देखने के लिए कि हम कितने मज़बूत हैं। क्या हमारा ईमान पक्का है? आज ऐसा ही मुश्किल वक़्त आ पड़ा है मेरे बच्चो!

अब्दुल ख़ालिक़ : *(ग़ुलाम अली ख़ान से लिपटकर)* चाचाजान, चाचाजान, मैं अम्मी के पास जाना चाहता हूँ। मुझे अम्मी चाहिए, अम्मी।

ग़ुलाम अली : शहज़ादो, सुनो। अल्लाह ने तुम्हारी अम्मी को अपने पास बुला लिया है। उनको याद करके रोना नहीं। ये इम्तिहान था जो तुमने शहज़ादों की तरह इसका सामना किया है। एक दूसरा इम्तिहान अब हमारे सामने है। और मैं चाहूँगा कि इसका भी तुम उसी बहादुरी के साथ सामना करोगे, समझे?

फ़तेह : हाँ, चाचाजान।

ग़ुलाम अली : अंग्रेज़ों ने मशवरा दिया है कि तुम दोनों वहाँ जाओ, उनके पास और उनके साथ ही रहो—उनके मेहमान बन कर। कब तक, ये कहना मुश्किल है। हाँ, लेकिन ज़्यादा दिनों तक नहीं। और मैं भी तुम्हारे साथ रहूँगा बच्चो।

फ़तेह : मैं तैयार हूँ चाचा। मैं अकेला जा सकता हूँ। अब मैं बड़ा हो गया हूँ। मुझे अपने साथ कोई नहीं चाहिए।

[विराम]

ग़ुलाम अली : मुझे अफ़सोस है हैदर। अंग्रेज़ सिर्फ़ इस सल्तनत के वारिस चाहते हैं।

फ़तेह : माफ़ करना चाचा, मैंने यूँ ही 'हाँ' कह दिया। मुझसे ग़लती हो गई।

ग़ुलाम अली : नहीं-नहीं, बेटे, तुम ऐसा मत सोचो। तुम्हारे अब्बू तुम्हें चाहते हैं। हम सब तुमको प्यार करते हैं। तुम मुइज़ुद्दीन और अब्दुल ख़ालिक़ की तरह ही हो। लेकिन ये सियासत है।

फ़तेह : मैं समझता हूँ चाचा। माफ़ कीजिये, मुझे खुद आगे बढ़कर जवाब नहीं देना चाहिए था।

ग़ुलाम अली : *(मजबूर होकर)* मुइज़ुद्दीन और ख़ालिक़ को जाना होगा, यही तय हुआ है। देखो बच्चो *(मुइज़ और ख़ालिक़ से)* तुमने देखा न कैसे हैदर बिना झिझक के जाने के लिए तैयार हो गए! क्या तुम दोनों तैयार हो मेरे साथ चलने?

मुइज़ : मुझे डर तो है चाचा, पर आपके साथ चला जाऊँगा।

ग़ुलाम अली : ये हुई न बात! और तुम अब्दुल ख़ालिक़? *(वह कोई जवाब नहीं देता)* मुझे यक़ीन है, तुम भी राज़ी होगे।

अब्दुल ख़ालिक़ : *(रोते हुए)* चाचा, मैं नहीं जाऊँगा। मुझे डर लगता है।

फ़तेह : वो तो बेकार की अफ़वाहें सुनता रहता है।

ग़ुलाम अली : बेटे, डरने की क्या बात है? मैं तो तुम दोनों के साथ रहूँगा न वहाँ।

अब्दुल ख़ालिक़ : मैं नहीं जाऊँगा, बस!

ग़ुलाम अली : देखो...

अब्दुल ख़ालिक़ : *(ना, ना करते हुए)* नहीं। मुझे मत ले जाओ। ना।

ग़ुलाम अली : ऐसा नहीं करते। सुनो बेटा, तुम अब आठ साल के हो गए हो। बड़े हो गए हो। देखा तुमने, फ़तेह कैसे जाने के लिए फ़ौरन तैयार हो गया, और मुइज़ भी, जबकि वो तुमसे छोटा है।

अब्दुल ख़ालिक़ : नहीं, मुझे अपनी अम्मी के पास जाना है।

फ़तेह : रोनी सूरत। हमेशा रोता रहता है।

ग़ुलाम अली : फ़तेह, तुम चुप करो बेटा। सुनो...

अब्दुल ख़ालिक़ : मुझे अम्मी चाहिए। वो मुझे जाने नहीं देतीं। वो मुझे आपके साथ नहीं भेजतीं।

ग़ुलाम अली : देखो बेटा, अल्लाह ने अब हमारे सामने एक ही रास्ता रखा है। तुम्हारी अम्मी को भी अपने पास बुला लिया है। और तुम्हें अंग्रेज़ों के पास सिर्फ़ कुछ ही महीनों के लिये तो जाना है। तुम्हारे अब्बू भी कुछ ही देर में यहाँ आ जाएँगे। उनके सामने हालात ही कुछ ऐसे हैं कि वो हर तरह से टूट चुके हैं। तुम बच्चों से दूर रहने के ख़याल से तो और भी परेशान हैं। अब तुम बच्चों को मिलकर उनकी हिम्मत बढ़ानी है। अब्बू की हिम्मत बढ़ाओगे न?

हसीना : जनाब, बादशाह सलामत आ रहे हैं।

ग़ुलाम अली : *(बिलकुल घबराए हुए)* मैंने कहा था न कि अल्लाह हमारा इम्तिहान ले रहा है। बच्चो, तुम्हारा इम्तिहान ये नहीं है कि तुम अंग्रेज़ों का सामना करो। वो तो हमारे जानी दुश्मन हैं ही। तुम्हारा असल इम्तिहान तो अब है, तुम्हारे अब्बू के सामने। और मुझे पूरा यक़ीन है, तुम अब्बू का सामना करके इस इम्तिहान में कामयाब होगे। चलो, देखते हैं, तुम उनका सामना कैसे करते हो!

[टीपू सोचते हुए दाख़िल होते हैं।]

अस्सलाम अलैकुम जनाबेआली। जनाब, मैंने शहज़ादों से बात की है। वो आपके हुक्म के मुन्तज़िर हैं।

[ख़ामोशी। टीपू ग़ौर से देखते हुए]

[लम्बा विराम]

हुज़ूर!

[खामोशी से और बहुत ही नरमी से]

शहज़ादे मुइज़ुद्दीन...

मुइज़्ज़ : अब्बू, मैं तैयार हूँ—अंग्रेज़ों के पास जाऊँगा।

[विराम]

अब्दुल ख़ालिक़ : मैं भी तैयार हूँ।

टीपू सुल्तान : या अल्लाह!

दृश्य-8 समाप्त

दृश्य-9

[मौसिक़ी, जश्न, बन्दूक़ों की सलामी। दीवानेआम में टीपू, किरमानी, पूर्णैया और मीर सादिक़ के साथ हैं।]

टीपू सुल्तान : फिर? फिर क्या हुआ?

किरमानी : जुलूस, जिसमें आगे ऊँटों के हरकारे झंडे लिये अलम बदार। उसके पीछे एक सौ सिपाही, जिनके बल्लमों पर चाँदी की बरचियाँ।
जुलूस अंग्रेज़ों की छावनी में दाख़िल हुआ। उसके पीछे सजे-धजे हाथियों पर सवार हमारे शहज़ादे दाख़िल हुए।

टीपू सुल्तान : वो कितने ख़ूबसूरत लग रहे थे, जैसे दो नन्हे फ़रिश्ते, सफ़ेद मलमल के लिबास में साफों पर मोती जड़े हुए! आह, रुक़ैया बानो, तुम तो वाक़ई मलिका थीं जो मेरी शर्मिन्दगी देखने के लिए रुकी नहीं। काश, तुम यहाँ होतीं! तुम अपनी औलाद पर नाज़ करतीं। जैसे आज सारा शहर हमारे बच्चों पर फ़ख्र कर रहा है।

किरमानी : उनके पीछे बन्दूक़ों और तोपचियों का मुहाफ़िज़ दस्ता चल रहा था... ।

टीपू सुल्तान : *(बेताबी से)* हाँ-हाँ, मैं जानता हूँ। जानता हूँ। मैंने क़िले की बुर्जियों से सब कुछ देखा है।

अब ये बताओ कि वहाँ अंग्रेज़ों की छावनी में क्या हुआ?

किरमानी : अंग्रेज़ हमारी शानोशौकत देखकर बिलकुल चकरा गए। हमारे शहज़ादों का इस्तेक़बाल इक्कीस तोपों की सलामी के साथ किया गया।

टीपू सुल्तान : हाँ-हाँ, हमने भी सुना। ये ठीक है और मुनासिब भी।

किरमानी : जैसे ही शहज़ादे अंग्रेज़ों के इलाक़े से गुज़र रहे थे, बंगाल के सिपाहियों की एक पूरी बटालियन ने उन्हें सलामी दी। हथियार पेश किये, नक़्क़ारे बजाये गए।

टीपू सुल्तान : वाह! बहुत ख़ूब!

किरमानी : लौर्ड कॉर्नवालिस और उसके अफ़सरान ने शामियाने की दहलीज़ पर शहज़ादों का इस्तेक़बाल किया। उसने दोनों शहज़ादों को हाथ से सहारा देकर एक को अपने दायें और दूसरे को बायें बिठा लिया।

टीपू सुल्तान : और मेरे बच्चे? क्या वो सहमे हुए या डरे हुए लग रहे थे?

किरमानी : नहीं, सुल्तान, बिलकुल नहीं।

टीपू सुल्तान : अब्दुल ख़ालिक़ का क्या हाल था? वो ख़ुद एतेमाद नहीं था।

किरमानी : सुल्तान, जिस शाहाना विक़ार और ख़ुद एतमादी के साथ वो वहाँ बैठे, उसकी हर अंग्रेज़ ने सताइश की, तारीफ़ की। उसके बाद ग़ुलाम अली ख़ान ने लौर्ड कॉर्नवालिस से कहा—आज सुबह तक सुल्तान के बेटे थे जो मेरे आक़ा हैं। और अब हालात बदल गए हैं। अब ये आपको अपना वालिद समझेंगे।

टीपू सुल्तान : या अल्लाह! ऐ मेरे मालिक। इन अल्फ़ाज़ को सुनने से पहले मैं मर क्यों नहीं गया? रुक़ैया बानू, तुम मुझे अपने साथ क्यों नहीं ले गईं? मैं इतना कैसे गिर गया?

किरमानी : लौर्ड कॉर्नवालिस ने हमारे सफ़ीर को यक़ीन दिलाया कि उन्हें कभी वालिद के लाड़ व प्यार की कमी महसूस नहीं होने देंगे।

टीपू सुल्तान : उसे यक़ीन था कि उसकी ये बातें मेरे कानों तक पहुँचेंगी और मेरा दिल चूर-चूर हो जाएगा।

किरमानी : और शहज़ादों को पूरी तरह महफ़ूज़ रखेंगे, इस बात पर शहज़ादे मुस्कुराए। हर तरफ़ तालियाँ बजीं। शहज़ादों ने लौर्ड कॉर्नवालिस को ईरानी तलवार पेश की। उसने ग़ौर से तलवार को देखा और उसकी दस्तकारी की तारीफ़ की। और फिर उसने दोनों शहज़ादों को एक-एक सोने की घड़ी दी।

टीपू सुल्तान : मेरे बेटों ने उन घड़ियों का क्या किया?

किरमानी : उन्होंने उन घड़ियों पर एक सरसरी निगाह डाली, और पास खड़े नौकरों के हाथ पकड़ा दी।

टीपू सुल्तान : यही...यही उम्मीद थी उनसे। उनकी परवरिश सही ढंग से हुई है। आख़िर मेरे बेटे जो हैं!

किरमानी : फिर गुलाब का इत्र और पान के बीड़े तक़सीम किये गए। और फिर शहज़ादे अपने-अपने ख़ेमों में लौट गए। और सुल्तान, ये बात ज़रा ग़ौर से सुनिए। जैसे ही वो ख़ेमे के अन्दर दाख़िल हुए...

[हँसता है।]

टीपू सुल्तान : हाँ, हाँ। फिर? आप हँस क्यों रहे हैं?

किरमानी : ख़ेमे में पहुँचते ही शहज़ादों ने घड़ी माँगी और ग़ौर से उसकी बनावट का मुआइना करने लगे।

[सब हँसते हैं।]

टीपू सुल्तान : आख़िर वो मेरे ही बेटे हैं। मेरे शहज़ादे। नदीम ख़ान, कल सुबह हमारी तरफ़ से अंग्रेज़ों को तोप की सलामी भेजना। उन्हें पता चले कि उन्होंने हमारे बच्चों का जो इस्तेक़बाल किया है, वो हमें पसन्द आया। और पूर्णैया, आप कल अंग्रेज़ों को डेढ़ करोड़ भेज देना, अंग्रेज़ों को उनकी रक़म की अदायगी की पहली क़िस्त।

पूर्णैया : जो हुकुम सुल्तान।

टीपू सुल्तान : और मीर सादिक़, मराठों को हमारा पैग़ाम भेजिए कि उनके रवाना होने से पहले मैं उनके इलाक़े जाकर उनके सिपहसालार हरिपंत फडके से मिलना चाहता हूँ।

मीर सादिक़ : क्या ये सही रहेगा सुल्तान?

टीपू सुल्तान : जो कहा है आपसे, वो कीजिए। अच्छा, अब ख़ुदा हाफ़िज़! मुझे आराम करना है।

सभी मिलकर : अल्लाह सुल्तान की हिफ़ाज़त करें।

[सब चले जाते हैं। टीपू अपने बिस्तर की तरफ़ बढ़ते हैं। गद्दी बिछी है।]

टीपू सुल्तान : ख़ादिम!

[मुहाफ़िज़ का प्रवेश]

मुहाफ़िज़ : जी, हुज़ूर!

टीपू सुल्तान : मेरे कमरे से पलंग और बिस्तर बाहर निकाल दो। अब जब कि मेरे बेटे ग़ैर-मुल्कियों के हाथ में हैं, जब तक वो वापस नहीं आते, मैं इस पत्थर के फ़र्श पर ही सोऊँगा।

दृश्य-9 समाप्त

दृश्य–10

[टीपू अपने कपड़े उतारकर पत्थर के फर्श पर बैठकर हाथ में तस्बीह लिये सूफ़ियाना ज़िक्र में बैठ जाते हैं। सूफ़ियाना कैफ़ियत तारी होती है और वो रक़्स करने लगते हैं। जैसे–जैसे उनका रक़्स बढ़ता है, रौशनी कम होती जाती है। अँधेरे में एक धीमी–सी आवाज़ सुनाई देती है।]

आवाज़ : टीपू! टीपू!

टीपू सुल्तान : कौन है? क्या अब्बा हुज़ूर? आप हैं?

हैदर अली : हाँ, मैं हूँ—हैदर।

[रौशनी धीरे से खुलने लगती है। एक समाँ–सा बँधता है। टीपू अपने अतराफ़ बेक़ाबू होकर देखते हैं।]

टीपू सुल्तान : अब्बा, आप कहाँ हैं?

हैदर अली : यहाँ! इस दरख़्त के नीचे।

टीपू सुल्तान : इस दरख़्त के नीचे? वहाँ क्यों लेटे हैं? क्या हुआ आपको?

हैदर अली : टीपू, मैं...मैं माज़ूर हो गया हूँ। मेरे हाथ–पैर कट गए हैं।

टीपू सुल्तान : आपके तो हाथ–पैर दोनों सलामत हैं।

हैदर अली : टीपू, तुमने मुझे गंज कर दिया। मेरे हाथ–पैर काटकर दुश्मनों को दे दिये।

टीपू सुल्तान : हाँ, अब्बाजान मैंने ऐसा ही किया है। क्या आप मुझे इसकी सज़ा देने आए हैं?

हैदर अली : कौन-सी सज़ा इसके बराबर होगी, अब तुम ही बताओ?

टीपू सुल्तान : मुझे नहीं मालूम। अब्बाजान आपको याद होगा, एक बार मैंने आपकी मुहिम बिगाड़ दी थी, और आपने इतने कोड़े मारे मुझे कि मेरे जिस्म की खाल छिल गई थी। आज भी उन कोड़ों के निशान हैं मेरे बदन पर। ऐसे बदनुमा निशान कि आज किसी के सामने क़मीज़ उतारने से शरमाता हूँ। आपके हाथ-पैर काटना तो इससे भी बड़ा जुर्म है।

हैदर अली : अब मैं तुम्हें मार भी नहीं सकता। मेरे हाथ कटे हैं।

टीपू सुल्तान : चलिए मैं आपकी तरफ़ से खुद को कोड़े मार लेता हूँ।

[टीपू ख़ुद को कोड़े मारते हैं।]

हैदर अली : घुमा-फिरा के बात न करो। चिल्लाओ मत। तुम बहुत नर्म-दिल हो गए हो। अपना ज़्यादा वक़्त हिसाब-किताब में ख़र्च करने लगे हो।

टीपू सुल्तान : आपने अपनी सारी ज़िन्दगी घोड़े की पीठ पर गुज़ार दी। मुसलसल अपनी लड़ाइयों में जीत हासिल करते रहे। आपने जो कुछ भी हासिल किया है, वो मुझे सँभालकर रखना है। ये सारा काम घोड़े की पीठ पर नहीं हो सकता। अंग्रेज़ अब पहले से ज़्यादा मज़बूत हो गए हैं।

हैदर अली : और इसमें ग़लती किसकी है?

टीपू सुल्तान : मैं उनसे नफ़रत करता हूँ और वो मुझसे।

हैदर अली : तो फिर तुमने कॉर्नवालिस को फ़रार होने ही क्यों दिया?

[कोई जवाब नहीं आता है टीपू से।]

जब वो श्रीरंगपट्टम से लाचार और शर्मिन्दा होकर भाग रहा था तो तुम्हारे अमीरों और ख़ानों ने तुमसे उस पर हमला करने के लिए कहा था। तुम तो बस क़िले के बुर्ज पर खड़े देखते रहे, और कुछ नहीं किया।

टीपू सुल्तान : मैं मफ़लूक हो गया था।

हैदर अली : तुमने कॉर्नवालिस को हाथ से निकल जाने दिया।

टीपू सुल्तान : मैं जानता हूँ। अगर आप होते वहाँ, तो उसको काट-काटकर क़ीमा बना दिया होता। लेकिन मैं ढुलमला गया।

हैदर अली : तुम उससे डरे हुए हो?

टीपू सुल्तान : बिलकुल डरा नहीं हूँ। अगर डरा होता तो क़त्लेआम का हुकम दे देता। लेकिन अब्बा, अक्सर ऐसा होता है कि अचानक मैं ख़ुद को उनमें देखने लगता हूँ। इन सब गोरी चमड़ीवालों को मैं सारी ज़मीन पर फ़ैलते हुए देखता हूँ तो दंग रह जाता हूँ कि ऐसी क्या बात है जो इन्हें बेचैन और फुर्तीला बना देती है!

इनमें से ज़्यादातर जवान फ़तेह की उम्र के हैं। ऐसी क्या बात है कि इतनी कम उम्र के लड़के यहाँ दूर-दराज़ के इलाक़ों में आकर अपनी जान की परवाह किये बग़ैर बुख़ार, पेचिश और मौत का सामना करने जत्थे के जत्थे दौड़े चले आते हैं? वो हिम्मत नहीं हारते और न मैं हिम्मत हारता हूँ। कभी-कभी मैं अपने आदमियों से ज़्यादा उनपर एतमाद करता हूँ। ऐसी क्या ख़ास बात है जो उन्हें अपनी जानों की परवाह

किये बग़ैर यहाँ लाती है? क्या ये सिर्फ़ चन्द सिक्कों के लिए है?

हैदर अली : अब तुम एक ताजिर या व्यापारी की तरह सोचने लगे हो।

टीपू सुल्तान : *(गुस्से से)* नहीं। अगर दौलत या सोने-चाँदी के सिक्कों की बात होती तो वो एक-दूसरे को धोखा देते, लड़ पड़ते। उन्होंने कभी अपनों के ख़िलाफ़ कोई साज़िश नहीं की है, न पीठ पीछे छुरा खोंपते हैं। वो अपनी नस्ल की क़िस्मत पर मुकम्मल यक़ीन रखते हैं। हममें ऐसा यक़ीन क्यों नहीं है?

[विराम]

कॉर्नवालिस ने हमारे क़िले का मुहासरा किया, हम चारों तरफ़ से घिरे हुए थे। तब मुझे मालूम हुआ कि मेरे बहुत से अफ़सरान ने ख़ुफिया तौर पर उनके साथ साज़-बाज़ शुरू कर दी। मुझे पता है, वो अफ़सरान कौन हैं। वो हैं, जिन पर मैं भरोसा करता हूँ। फिर भी मैं उन्हें नंगा नहीं कर सका। क्योंकि ऐसा करने के लिए मुझे पूरी इमारत ढानी पड़ती। जबकि मुझे उनसे ये कहना पड़ा कि न सिर्फ़ तुम लोग ही मेरी हुकूमत के सच्चे सुतून हो बल्कि मैं और मेरा सारा ख़ानदान भी इन्हीं की वफ़ादारी पर मुनहसिर है। ये समझकर इनसे बेहतरी की उम्मीद भी करता रहा। और ये भी उम्मीद करता कि जब मौक़ा आएगा, वो मेरी पीठ पीछे छुरा नहीं खोपेंगे।

लेकिन अंग्रेज़ एक ऐसी चीज़ के लिये लड़ते हैं जिसका नाम है इंग्लैंड। आख़िर ये इंग्लैंड है क्या? न तो ये कोई मज़हब है जिससे उन्हें रूहानी ताक़त

मिलती है, न ये ऐसी कोई सरज़मीन है जिससे उनकी रोज़ी-रोटी चलती है। अगर ऐसा होता तो शायद वो यहाँ नहीं आते। ये सिर्फ़ एक ख़्वाब है जिसके लिए वो मरने और मारने पर तुले हैं। इंग्लैंड के बच्चे हमारी ज़मीनों पर क़ब्ज़ा कर रहे हैं, दिन-दहाड़े हमारी दौलत लूट रहे हैं। और यहाँ तक के अब हमारे बच्चे भी छीनने लगे हैं। मेरे अपने बच्चे।

[हैदर अली हँसते हैं।]

अब्बा, मैं इन्हें ये नहीं करने दूँगा। मैं आपके हाथ-पैर आपको वापस दिलाऊँगा। अब्बाजान! आप वापस आइए।

[स्टेज पर अँधेरा छा जाता है।]

दृश्य-10 समाप्त

दृश्य–11

[अँधेरे में सब कुछ डूब जाता है। जब रौशनी होती है तो मराठा कैम्प में हरिपंत फडके टीपू सुल्तान का इन्तज़ार कर रहे हैं।]

हरिपंत फडके : नमस्कार! स्वागत है आपका टीपू सुल्तान ख़ान साहब, ख़ुश आमदीद! आपकी ऐसी अचानक आमद बड़ी ख़ुशगवार है।

टीपू सुल्तान : ये हमारे मुल्क की रसम है कि मेहमानों की रुख़सती के वक़्त ख़ुद ज़ाती तौर पर उन्हें ख़ुदा हाफ़िज़ कहते हैं।

हरिपंत फडके : उस वक़्त भी, जब कि वो बिन बुलाए मेहमान हों?

टीपू सुल्तान : आप बिन बुलाए मेहमान नहीं हैं। हम सात साल पहले मिले थे और फिर दोस्तों की तरह जुदा भी हुए थे। और हमने ये क़सम भी खाई थी कि हमारे और आपके दरमियान ताहयात अमन और पायदारी कायम रहेगी। अब भी मुझे ये नहीं मालूम कि हालात किस वजह से बदल गए। लेकिन आप मेरे मेहमान हैं और आपसे नाराज़गी ज़ाहिर करना बदअख़लाक़ी होगी। ख़ैर! मुझे उम्मीद है कि आपके अहल व अयाल ख़ैरियत से होंगे।

हरिपंत फडके : जी, ख़ैरियत से हैं। शुक्रिया! और आपके?

[एक पशेमानी का वक़्त। हरिपंत इस जुम्ले की ग़लती को समझाता है :]

मैं आपको यक़ीन दिलाता हूँ ख़ान साहब, कि हम मराठे इस समझौते में शामिल नहीं थे। ये जो आपके बच्चों को बतौरे-ज़मानत ले जाया गया है, इससे हम भी बहुत परेशान हैं।

टीपू सुल्तान : आप 'शरीक नहीं थे'—इसका क्या मतलब है, हरिपंत? यानी आपने इस बात की नामंज़ूरी का इज़हार किया था?

हरिपंत फडके : हाँ, हमने नामंज़ूरी का इज़हार किया था।

टीपू सुल्तान : और आपकी बात नहीं मानी गई?

हरिपंत फडके : निज़ाम ने अंग्रेज़ों का साथ दिया। इस तरह दो के मुक़ाबले हम अकेले पड़ गए।

टीपू सुल्तान : हरिपंत, अंग्रेज़ हिम्मत हारकर भाग रहे थे। मैंने उन्हें मार भगाया था, लेकिन मेल्कोटे में आप उनकी मदद के लिए वहाँ आ पहुँचे। अगर आप उन्हें ज़रूरत के सामान फ़राहम न करते तो उनकी आधी फ़ौज तो यूँही ख़तम हो जाती और बाक़ी आधी अब तक मद्रास की तरफ़ लिढ़ती-पड़ती चली जाती। इस जंग में उनको जितानेवाले असल हक़दार तो आप लोग ही हैं। इसके बावजूद आपने अंग्रेज़ों को सुलह के शरायत लिखवाने की छूट दे दी।

हरिपंत फडके : अंग्रेज़ हमारे साथी हैं और आपके साथ तो शाना-बशाना फ़्रांसीसी काम कर रहे हैं। आपने उनके साथ दोस्ती का हाथ जो बढ़ाया है!

टीपू सुल्तान : दोस्ती, हाँ। तुम कह सकते हो। याद रहे, वो मेरे लिए काम कर रहे हैं, न कि मुझे हुकम दे रहे हैं। अंग्रेज़ों ने जो नई माँगें रखी हैं, वो तो आपने देखी ही होंगी? मुझे तो अभी-अभी उन माँगों की ख़बर मिली है।

हरिपंत फडके : *(बात को टालते हुए)* अंग्रेज़ों की वफ़ादारी पर शक करने का कोई मौक़ा मिला ही नहीं। कॉर्नवालिस सख़्ती से पेश आता है पर इंसाफ़पसन्द है।

टीपू सुल्तान : मुझे अपनी आधी रियासत, जो आपके इलाक़ों से लगी हुई है, वो उन्हें देना है।

हरिपंत फडके : मला माहिताहे! मुझे मालूम है। हमारे दरमियान जो समझौता हुआ था, वो शर्त इसमें शामिल थी।

टीपू सुल्तान : क्या आप जानते हैं कि वो हमारी ज़मीन का कौन-सा हिस्सा माँग रहे हैं! कोडगु का सूबा।

[विराम]

और आप ख़ामोश हैं। अंग्रेज़ों के हासिल किये किस हिस्से से कोडगु लगा हुआ है? क्या आप कॉर्नवालिस को ये बतलाओगे कि जब आप उनसे मोआहदे के शरायत तय कर रहे थे तो आपके ज़हन में इस नये जोग़राफ़िया का तसव्वुर नहीं था। मैं जानता हूँ, आप उन्हें ये नहीं बताएँगे, क्यूँकि ये जोग़राफ़िया उनके अपने दिमाग़ की उपज है, और आपको उनका साथ देना है।

हरिपंत फडके : हमारे लिए अहम बात ये है कि कॉर्नवालिस ने हमारे साथ ईमानदारी बरती है। और हमने मिलकर जो इलाक़े जीते हैं, उसका एक तिहाई हिस्सा मुझे मिला।

टीपू सुल्तान : *(ज़ोर-ज़ोर से हँसते हैं)* क्या मिला है? हरिपंत, ज़रा भी शरमाये बग़ैर ऐसा कैसे कह सकते हो? जो कुछ भी तुम्हें दिया गया है, वो वही है जो मेरे वालिद ने मराठों से चालीस साल पहले जीता था। जो कुछ भी अब आपको मिला है, वो ये कि आपको अपनी ही ज़मीन की मिल्कियत दोबारा मिल गई है। और इसके बदले में आपने अंग्रेज़ों को नये इलाक़े दे दिये, जैसे—सेलम, दिन्डिगुल, मलाबार के साहिली इलाके, जो नारियल और काली मिर्च के ज़रख़ेज़ इलाक़े हैं। साथ में वो आलीशान बन्दरगाह, वो भी उनके हवाले हो गया यानी आप जहाँ थे, वहीं रह गए। और अंग्रेज़, उनको तो अब हिन्दुस्तान का सारे-का-सारा जुनूबी साहिल मिल गया। याद रखो, अब वो एक बड़ी समन्दरी ताक़त है, जबकि हमारी सल्तनत बस ज़मीनी इलाक़ों तक ही महदूद रह गई है। मैं समन्दरी रास्तों की तलाश में रहता हूँ, क्योंकि आज समन्दर ही ताक़त और तरक़्क़ी का ज़रिया है। आपके पास पूरे का पूरा मग़रिबी साहिली इलाक़ा है और बजाय उसके कि आप अंग्रेज़ों को बाहर करते, आप ख़ुद ही उस मगरमच्छ के साथ तैरने की कोशिश कर रहे हो। वाह, क्या अक़्लमन्दी है, वाह!

हरिपंत फडके : हे बग़ाज़े हम सा, आहे ते अमाला पहिजा। हमें तो बस वही चाहिए था, जो हमारा है।

टीपू सुल्तान : और ये इलाक़ा भी तुम्हारे पास कब तक रह सकेगा? अब तिरुविन्दनकूर का राजा कहाँ है जिसके नाम से अंग्रेज़ों ने ये लड़ाई लड़ी? उसे तो गोबर के ढेर पर फेंक दिया—हं!

हरिपंत फडके : *(लाचारी से)* उससे हमारा कोई मतलब नहीं।

टीपू सुल्तान : मैं इस मोआहदे के काग़ज़ को फाड़कर आप सबके मुँह पर फेंक देता और मोआहेदा शिकनी के बजाय अपनी जान दे देता, बजाय इसके कि अपना कोडगु उन्हें दे दूँ। उनके पास मेरे बेटे हैं। मेरे बच्चे। जब मैंने उनसे इस बेवजह माँग पर ग़ौर करने के लिए कुछ वक़्त माँगा तो जानते हैं, उनका जवाब क्या था? बजाय इसके के वो मेरे बेटों को वापस करते और जंग जारी रखते, उन्होंने उनके मैसूर के हलीफ़ को पकड़ लिया और मेरे बेटों को क़ैद कर दिया। और उन्हें जंगी क़ैदी बनाकर रख दिया है। ये उनकी चाल आपको कैसी लगी—मराठा के बहादुर रहनुमा? जंगी क़ैदी—हा! जिनकी उम्रें सात और आठ साल हैं, ताकि मैं उनकी हर बेजा शर्त मान जाऊँ। उन्हें वही दूँ जो वो चाहते हैं। हाँ, अब मैं चलता हूँ। ख़ुदा हाफ़िज़ हरिपंत! आप अक़्लमन्द हैं और आपने इस बात पर ग़ौर भी किया होगा कि जब अंग्रेज़ मुझे ख़त्म कर सकते थे तब उन्होंने मुझे मेरी सल्तनत के साथ छोड़ दिया।

हरिपंत फडके : ख़ान साहब, हमने दबाव डाला था कि आपकी हैसियत पर फ़र्क़ न पड़े।

टीपू सुल्तान : बस भी करो। कॉर्नवालिस ने मुझे इसलिए छोड़ा है क्योंकि मेरे बग़ैर तुम मराठा लोगों की ताक़त और भी बढ़ जाएगी। ये तुम्हारी ताक़त को कम करने की साज़िश है। नहीं, जवाब देने की ज़रूरत नहीं। और मुझे रुख़सत करने के ख़ेमे से बाहर आने की भी ज़रूरत नहीं। मैं ख़ुद अपना रास्ता ढूँढ़ लूँगा।

आख़िर ये ज़मीन अभी भी हमारी ही तो है। सिर्फ़ एक लफ़्ज़ कहूँगा—होशियार। हरिपंत, बस इतना ख़याल रखना कि अगली बार तुम्हारे अपने बच्चे न हों।

[चले जाते हैं।]

दृश्य-11 समाप्त

दृश्य-12

[मेकेंज़ी और किरमानी]

मेकेंज़ी : टीपू की हार लौर्ड कॉर्नवालिस के लिए ज़ाती फ़तेह थी। उन पर जो यौर्क शहर का धब्बा लगा था, वो धुल गया। मलिका-ए-इंगलिस्तान ने जो मार्किस का ख़िताब दिया, और इसी ख़ुशी में एक लापरवाही भी हुई, वो ये, कि पार्लियामेंट ने 'पिट्स इंडिया एक्ट' की सारी दफ़ात भूल गया।

किरमानी : पूरे दो साल के बाद टीपू के बेटे उन्हें वापस दे दिये गए। जब वो अपने वालिद से मिले तो बच्चों ने अपने सर वालिद के क़दमों में रख दिये। टीपू ने आगे बढ़कर उनकी पीठ थपथपाई। कुछ भी नहीं बोले।

मेकेंज़ी : लौर्ड कॉर्नवालिस की जगह सर जॉन शोर, गवर्नर जनरल के ओहदे पर आए। सात साल तक अमन कायम रहा। और फिर उनके बाद अर्ल ऑफ मॉर्निंगटन, रिचर्ड वेलेस्ली गवर्नर जनरल बनकर आए—एक जोश व ख़रोश से भरपूर नौजवान।

दृश्य-13

[1797 कलकत्ता में रिचर्ड वेलेस्ली, अर्ल ऑफ मॉर्निंगटन— हिन्दुस्तान के गवर्नर जनरल अपने छोटे भाई ऑर्थर वेलेस्ली के साथ जो हिन्दुस्तानी फ़ौज में जूनियर कर्नल हैं और विलियम किर्क पैट्रिक।]

मॉर्निंगटन : हिन्दुस्तान आने से पहले बोर्ड ऑफ कंट्रोल ने वाज़ेह तौर पर मुझसे कहा कि ईस्ट इंडिया कम्पनी अब हिन्दुस्तान में कोई मज़ीद इलाक़ा हासिल नहीं करेगी। वज़ीरे-आज़म मिस्टर पिट ने भी इस पहलू पर बहुत ज़ोर दिया।

किर्क पैट्रिक : यस, योर लॉर्डशिप!

मॉर्निंगटन : मैं भी चार साल तक बोर्ड ऑफ कंट्रोल का मेम्बर था। और इस बात पर लगातार ग़ौर भी करता रहा कि...

किर्क पैट्रिक : यस, योर लॉर्डशिप!

मॉर्निंगटन : एक मुद्दा तो मेरे सामने बिलकुल साफ़ दिखाई दे रहा है। वो है टीपू को कमज़ोर करना।

[किर्क पैट्रिक भौचक्का हो जाता है और अर्थर वेलेस्ली के तासुरात देखने मुड़ता है। अर्थर तो इस तरह खामोश है, जैसे कुछ सुना ही नहीं!]

किर्क पैट्रिक : लेकिन, योर लॉर्डशिप! सर जोन...

मॉर्निंगटन : मेरे फरिश्ता सिफ़त पेशरौ एक इवैंजेलिकल क्रिश्चियन थे। अगर आप उनकी एक टाँग पर लात मारो तो दूसरी टाँग भी लात खाने के लिए पेश कर देते थे। उन्हें तो बदला लेना मालूम ही नहीं था।

वेलेस्ली : *(हँसता है)* मुझे तो ये मालूम हुआ है कि वो सरकारी हुकमनामों से ज़्यादा मज़हबी ख़ुतबे दिया करते थे।

मॉर्निंगटन : उसी वक़्त उन्हें नाराज़गी ज़ाहिर करनी थी, जब टीपू ने नेपोलियन को हिन्दुस्तान पर हमला करने का दावतनामा भेजा था। हमारे दुश्मनों के साथ इस तरह की दोस्ती हरगिज़ बरदाश्त नहीं करनी चाहिए थी।

किर्क पैट्रिक : अब नील की जंग के बाद वो कोई मसला ही नहीं रह गया।

मॉर्निंगटन : दरअसल मैसूर की जंग के फ़ौरन बाद कॉर्नवालिस को चाहिए था कि टीपू का नाम व निशान मिटा देते, पर उन्होंने ऐसा नहीं किया। नतीजा ये हुआ कि टीपू की इज़्ज़त और ताक़त, दोनों में इज़ाफ़ा होता गया। पर ये हम अपने कमज़ोर साथियों के बारे में कह नहीं सकते। हमें कॉर्नवालिस को उनके ग़लत लिये गए फ़ैसलों की बिना पर उन्हें क़ुसूरवार ठहराना चाहिए और सर जॉन को इस साज़िश में शरीक होने का मुजरिम। और बाहैसियत ए गवर्नर जनरल मेरा ये फ़र्ज़ बनता है कि मैं इन ग़लतियों को दुरुस्त करूँ।

किर्क पैट्रिक : योर लॉर्डशिप! क्या आपको ऐसा लगता है कि टीपू हमारे लिए परेशानियाँ पैदा करेगा? मद्रास का ऐसा मानना नहीं है।

मॉर्निंगटन : यूरोपियन मुल्कों से मुतासिर होकर टीपू हिन्दुस्तान में एक तिजारती रियासत की बुनियाद डालने की कोशिश में लगा है और दिन-ब-दिन कामयाबी के

झंडे भी गाड़ रहा है। हमने फ्रेंच और डच, दोनों को हिन्दुस्तान से मार भगाया है और पोर्तगीज़ की पेशक़दमी रोक दी है। ऐसी क्या वजह है जो हम इस रियासत को आगे बढ़ने से न रोकें? देखो, जितने ज़्यादा दिन यहाँ अमन-चैन रहेगा—समझो, उतना ही टीपू मज़बूत होता जाएगा।

किर्क पैट्रिक : लेकिन योर लॉर्डशिप! मद्रास नहीं चाहता कि टीपू के ख़िलाफ़ कोई क़दम उठाया जाए।

मॉर्निंगटन : किर्क पैट्रिक, मैं ये हरग़िज़ होने नहीं दूँगा कि मद्रास में बैठे चन्द डरपोक और नाकाम अफसर हमारे सुपुर्द की गई जायदाद पर हुकूमत करें। वो मुझे रोक नहीं सकते। मैं आगे बढ़ूँगा। मद्रास को ये बात साफ बता दो।

किर्क पैट्रिक : यस योर लॉर्डशिप।

मॉर्निंगटन : यही सही है। अब हमें फिर से सोचना होगा और हमला करने की कोई तरकीब बनानी होगी। क्या टीपू ने हाल ही में फ्रेंच के साथ कुछ समझौता किया है? मैंने सुना है, वो अपने क़िले में कुछ नये क़िस्म के बारूदी मिसाइल भी तैयार कर रहा है, जिनका निशाना बड़ी दूर तक होता है।

[विराम]

[किर्क पैट्रिक समझ नहीं पाता कि क्या कहे।]

पौंडिचरी और चन्दर नागवार के साथ तो कोई मोहेदा नहीं किया है?

वेलेस्ली : मौरिशस के बारे में क्या ख़याल है? वो तो ज़्यादा रोमानी है, और मर्कज़ी मुक़ाम पर है। जंग में भारी साबित होगा।

मॉर्निंगटन : वहाँ ऐसा क्या है?

किर्क पैट्रिक : हमें ख़बर मिली है कि पिछले साल मौरिशस से चालीस (40) फ्रांसीसी नौकरी की तलाश में मैसूर आए थे।

मॉर्निंगटन : वो आए थे? अच्छा! इसका मतलब टीपू मौरिशस के फ्रेंच गवर्नर के पास ख़ुफिया मिशन भेजता है। क्या नाम है उस गवर्नर का?

किर्क पैट्रिक : *(स्कॉटिश लहजे में)* मलार्कटिक सर।

मॉर्निंगटन : अच्छा, *(फ्रेंच लहजे में)* मलार्कटिक। टीपू को मलार्कटिक से दस हज़ार फ्रेंच और बीस हज़ार अफ्रीकन सिपाही चाहिए उसकी फ़ौज में। और मलार्कटिक एक इश्तिहार छाप करके वॉलेंटियर्स को फ़ौज में शरीक होने के लिए कहता है।

[हँसते हैं।]

किर्क पैट्रिक : अगर ये ख़ुफिया मिशन था तो फिर ये इश्तिहार क्या है?

[वेलेस्ली मुस्कुराता है।]

मॉर्निंगटन : इन सब नज़ाकतों की ज़रूरत नहीं। हम बड़ी आसानी से पता कर लेते हैं। कलकत्ता के हमारे एक अखबार को नक़ल मिलती है और वो सब छापता है।

किर्क पैट्रिक : योर लॉर्डशिप! हम एक मक़ामी एडीटर से राब्ता करेंगे।

वेलेस्ली : क्या ये ज़रूरी है? अगर रिचर्ड कहते हैं तो बोर्ड ऑफ कंट्रोल मान जाएगा।

[किर्क पैट्रिक को मुनासिब तरीक़े से नज़रअन्दाज़ किया जाता है।]

मॉर्निंगटन : हम शुरू में उसकी छपी ख़बर पर यक़ीन नहीं करेंगे। इससे हमें तैयारी करने का मौक़ा मिल जाएगा। हमें टीपू की दोस्ती चाहिए।

किर्क पैट्रिक : क्या टीपू इस इल्ज़ाम से इनकार नहीं करेगा, योर लॉर्डशिप।

[लम्बी ख़ामोशी]

मुझे अफसोस है कि सरकारी प्रोटोकॉल के मुताबिक हमें उसे ये मौक़ा देना चाहिए कि वो या तो अपनी बात से मुकर जाए या अपना चाल-चलन दुरुस्त कर ले या फिर अपने हक़ में सफ़ाई पेश करे।

मॉर्निंगटन : टीपू के हमारे साथ पिछले सात साल से बड़े पुरअमन ताल्लुक़ात रहे हैं। इसका मतलब ये कि उसे ये बिलकुल ख़दशा नहीं है कि हम उस पर हमला बोलेंगे। वो अब लड़ाई के लिए बिलकुल तैयार नहीं है, बल्कि वो इन दिनों अपना ज़्यादा वक़्त रेशम के कीड़ों और सन्दल की लकड़ी के जंगलों में बिता रहा है। तो विलियम, क्या हम उसे पहले से चौकन्ना कर दें, और फिर एक तवील चलनेवाली महँगी जंग लड़ें?

वेलेस्ली : हमें टीपू की रफ़्तार का अन्दाज़ा है। वो बिजली की तरह अपनी फ़ौजों को जमा कर सकता है।

किर्क पैट्रिक : *(हारी हुई आवाज़ में)* मैं जानता हूँ।

मॉर्निंगटन : मैं टीपू को एक ख़त लिखूँगा और उससे पूछूँगा कि उसे अपनी सफ़ाई में कुछ कहना है? लेकिन ये ख़त उसे उस वक़्त भेजेंगे जब जनरल हैरिस और जनरल स्टुआर्ट मैसूर के इलाक़े में दाख़िल हो जाएँगे। निज़ाम और मराठों को इत्तेला दे दो कि वो भी वहाँ

मौजूद रहें। वैसे उनके रहने या न रहने से ज़्यादा फ़र्क़ नहीं पड़ेगा, फिर भी। हमारे मद्रास के गवर्नर जनरल लम्बे और पेचीदा ख़ुतूत से चिढ़ते हैं। मुख़्तसर तौर पर इतना लिख दो कि टीपू को हर हाल में हराना है।

किर्क पैट्रिक : यस, योर लॉर्डशिप!

[विराम]

बस, इतना काफ़ी है?

मॉर्निंगटन : जी, शुक्रिया!

[किर्क पैट्रिक जाता है।]

वेलेस्ली : अब मैं सेरिंगापटम जाने के लिए बेचैन हूँ।

मॉर्निंगटन : फौरन जाना चाहिए।

[विराम]

टीपू पर हमला करने के लिये बैर्ड उतावला है। वो खुद टीपू का क़ैदी रह चुका है और बदले की आग बुझाने के लिए बेचैन है।

वेलेस्ली : मैं जानता हूँ।

मॉर्निंगटन : मैंने उससे कहा है कि ये वक़्त ज़ाती तौर पर बदला लेने का नहीं है। लेकिन तुम बैर्ड के मिज़ाज को तो जानते ही हो। वो स्कॉट-मिज़ाजी है। अब शायद यही ठीक है। वो आगे बढ़कर हमला करेगा और तुम रिज़र्व की कमान सँभालोगे।

वेलेस्ली : *(उछलकर)* नहीं रिचर्ड! हरगिज़ नहीं। मुझे रिज़र्व फ़ौज की कमान न दें।

मॉर्निंगटन : मैं जानता हूँ कि तुम जंग के मैदान में अपने जौहर दिखाने के लिए कितने बेताब हो। पर मुझे इस वक़्त फ़ौजियों की ज़रूरत नहीं है, मेरे पास तो सारी फौज पड़ी हुई है। मैं जब चाहूँ, टीपू पर हमला बोल सकता हूँ। मैं तुम्हें ज़िन्दा देखना चाहता हूँ ताकि आप जंग के बाद सेरिंगापटम की कमान सँभालो।

वेलेस्ली : *(ख़ौफ़ज़दा लहजे में)* तुम संजीदा नहीं हो सकते।

मॉर्निंगटन : तुम जानते हो कि मैं कभी भी ग़ैर-संजीदा नहीं रहा। मुझे वहाँ कोई ऐसा चाहिए जिस पर मैं भरोसा कर सकूँ।

वेलेस्ली : लेकिन रिचर्ड, हिन्दुस्तान का गवर्नर जनरल, अपने सगे भाई को उस ओहदे पर बिठाएगा।

मॉर्निंगटन : जोकि सिर्फ़ एक छोटा-सा जूनियर कर्नल है। बिलकुल सही रिश्तेदारी जो दिल से न हो, वो ज़्यादा नफ़रतअंगेज़ होती है।

वेलेस्ली : सुनो, बजाय इसके...

मॉर्निंगटन : मैं जानता हूँ, तुम इसके बजाय क्या चाहते हो। देखो, कॉर्नवालिस अभी भी एक सठियाए हुए दरियाई घोड़े की तरह हमारे इलाक़ों में लँगड़ा रहा है, जो खूबसूरत चीज़ों से सजा दिया गया है। इस आदमी की वजह से हमने तमाम अमरीकी कॉलोनियाँ खो दी हैं। पर वो आज भी याद किया जाता है, क्योंकि उसने टीपू को हराया था।

[विराम]

मैं टीपू को कुचल दूँगा। और छः महीनों में सेरिंगापटम को बरबाद कर दूँगा। अगर ये पब्लिक सर्विस नहीं है तो फिर ख़ूबी क्या है! यक़ीनन मुझे वही ओहदा

मिल जाएगा जो कॉर्नवालिस को मिला था। अर्थर, सारी दुनिया की निगाहें सेरिंगापटम पर लगी होंगी, और मैं चाहता हूँ, मेरा भाई वहाँ का कमांडेंट बनकर क़िलों की हिफ़ाज़त करे। इसके बाद तुम जो चाहो...

वेलेस्ली : लेकिन रिचर्ड, बदनामी होगी, उसका क्या ?

मॉर्निंगटन : क्या तुम कछुए की चाल चलना चाहते हो ?

दृश्य-13 समाप्त

दृश्य-14

[दीवाने-आम में टीपू के साथ बैठे हैं मीर सादिक़, पूर्णैया, क़मरुद्दीन और नदीम खान।]

टीपू सुल्तान : और अब उन्होंने बतौरे-ज़मानत मेरे चार बेटों को और मेरी आधी सल्तनत यानी उस आधी की आधी जो पिछली बार उन्होंने मेरे पास छोड़ी थी, वो रख ली है।

[विराम]

और अगले गवर्नर जनरल के आने तक मेरे पास सिर्फ़ आधी गली रह जाएगी और न मेरी कोई औलाद रहेगी मेरे पास।

[विराम]

तो क्या मैं इन शरायत को मंजूर कर लूँ?

[विराम]

पूर्णैया, ये मत कहना कि तुमने पहले भी मुझे आगाह किया था। मुझे पता है कि अंग्रेज़ों को मेरी फ्रांसीसियों के साथ दोस्ती पसन्द नहीं। तो क्या? क्या मैं अपनी बाक़ी सारी ज़िन्दगी अंग्रेज़ों के इशारों पर गुज़ारता? जब उन्होंने कहा, हँसो तो हँस दिया और डरा दिया तो

डर गया? आज पूरे हिन्दुस्तान में मैं अकेला ऐसा हूँ जो उनके इशारों पर नहीं नाचता। इसीलिए वो मुझे कुचल देना चाहते हैं। मुझे बताया गया कि पूरे इंग्लिस्तान में मेरे बारे में तरह-तरह की कहानियाँ गढ़ी जा रही हैं और मुझे कैसे नेस्ताबूद किया जाए, उसके मंसूबे बना रहे हैं।

[विराम]

क्या मैं उन्हें ऐसा करने दूँगा?

[विराम]

अंग्रेज़ नामुमकिन शरायत खोजते रहते हैं और उम्मीद रखते हैं कि मैं ठुकरा दूँगा। और मैं चाहूँ तो उनके शरायत को मानकर, उनके सारे मंसूबों को तार-तार कर सकता हूँ। क्या मैं दुम दबाकर उनके सारे शरायत मान लूँ?

मीर सादिक़ : नहीं! सुल्तान, हम अंग्रेज़ों को पानी पिलाकर ही छोड़ेंगे।

पूर्णैया : जब आपके मोहतरम वालिद साहब ने मुझे अपने साथ काम पर लिया तब मैं दूर-दराज़ के एक छोटे-से क़स्बे में एक अदना मुलाज़िम था। आज मैं जो कुछ भी हूँ, वो आपके ख़ानदान की मेहरबानियों की वजह से हूँ। सुल्तान, हम अंग्रेज़ों के आगे कभी घुटने नहीं टेकेंगे। हम उनके ख़िलाफ़ अपने आख़िरी दम तक लड़ेंगे, छोड़ेंगे नहीं।

टीपू सुल्तान : नदीम ख़ान, आप क्या कहते हैं?

नदीम ख़ान : बिना बताए हम पर हमला करके हमारे साथ चाल चली है। लेकिन सेरिंगापटम में घुसना नामुमकिन है। सुल्तान, जब तक मैं इस क़िले का मुहाफ़िज़ हूँ, मैं

आपको यक़ीन दिलाता हूँ, अंग्रेज़ इस क़िले को फ़तह नहीं कर सकेंगे।

टीपू सुल्तान : शुक्रिया, शुक्रिया आप सबका। यही मैं आप सबसे सुनना चाहता था। पिछली बार की तरह इस बार मैंने आम बैठक नहीं बुलाई। मैं सिर्फ़ ये जानना चाहता था कि आप लोग क्या सोच रहे हैं। आप सब जानते हैं कि मैं और मेरे ख़ानदानवाले आप सब पर पूरी तरह एतमाद रखते हैं।

मीर सादिक़ : सुल्तान! आपके अलावा हमारा है भी कौन?

टीपू सुल्तान : मेरे लिए आपकी ज़ुबान काफ़ी है। अगर आप सब एक होकर मेरे साथ रहें, तो यही मेरी ताक़त है।

क़मरुद्दीन और पूर्णैया : हम सब आपके साथ हैं सुल्तान!

टीपू सुल्तान : *(हँसते हुए)* तो फिर जीत हमारी है।

आवाज़ें : इंशा अल्लाह!

पूर्णैया : सुल्तान! शृंगेरी मठ के शंकराचार्य ने यक़ीन दिलाया है कि वो आपका साथ देंगे।

टीपू सुल्तान : हम वाक़ई ख़ुशक़िस्मत हैं।

पूर्णैया : ये याद रखते हुए कि जब मराठों ने मठ पर हमला किया था, तब आपने उन्हें सहारा दिया था। स्वामी ने यक़ीन दिलाया है कि शारदा देवी का आशीर्वाद हमारे साथ है।

टीपू सुल्तान : हमें उनके आशीर्वाद की ज़रूरत है। हम महफ़ूज़ हैं।

[तवील ख़ामोशी। कोई नहीं जानता कि आगे क्या बोले। एक नौकर से :]

ताज्जुब है, आज बहादुर खान चुप क्यों हैं? तबीयत तो ठीक है उनकी?

नौकर : हाँ, सरकार, वो ठीक हैं। आराम फ़रमा रहे हैं।

टीपू सुल्तान : *(बेचैनी से)* कोई गुर्राहट भी नहीं!

[उठते हैं]

ठीक है, चलो, तैयारी करते हैं। फिर मिलेंगे।

[सब निकल जाते हैं। स्टेज पर अँधेरा होता है।]

किरमानी : अंग्रेज़ों ने सेरिंगापटम को चारों तरफ़ से घेर लिया है। 4 मई, 1799 की सुबह के सूरज की शोआएँ क़िले की बुर्जियों पर बिखरती हैं।

[टीपू की ख़्वाबगाह। दरवाज़े पर दस्तक। टीपू अपनी तलवार कमर पर कसते हुए आते हैं।]

टीपू सुल्तान : कौन हैं?

फ़तेह हैदर : *(बाहर से आवाज़)* अस्सलाम अलैकुम अब्बूजान। मैं हूँ फ़तेह हैदर। क्या आप तैयार हो गए?

[टीपू दरवाज़ा खोल कर, बेटे को आने देते हैं।]

टीपू सुल्तान : *(हँसते हुए)* वालैकुम अस्सलाम, क्या बात है? जल्दी में हो?

फ़तेह हैदर : जी, अब्बू। जल्दी कीजिए। सिपहसालार क़मरुद्दीन ने कहलवा भेजा है कि हमारी फ़ौजें जमा हो चुकी हैं और हमले के लिए बेताब हैं।

टीपू सुल्तान : अरे, वाह! बहुत ख़ूब! तुम जानते हो फ़तेह हैदर, मैं शायद तुमसे एक साल छोटा रहा हूँगा, जब मैं अपने

अब्बाजान के साथ जंग के मैदान में घोड़े पर दौड़ता हुआ निकला था।

फ़तेह हैदर : मैं तो कब का तैयार खड़ा हूँ।

टीपू सुल्तान : हाँ, जानता हूँ। जानता हूँ। पता ही नहीं चलता कि हमारे अपने लड़के कब जवान हो जाते हैं। अब तुम खुद को ही देखोगे।

पूर्णैया : *(दाख़िल होते हुए)* सुल्तान! भगवान आपको फ़तेह दे। आमीन!

टीपू सुल्तान : पूर्णैया, नमस्कार। क्या ख़बर है?

पूर्णैया : मैं अभी-अभी रंगनाथ मन्दिर के बड़े नुजूमी से मिलकर आ रहा हूँ।

टीपू सुल्तान : और?

पूर्णैया : बता रहे थे सितारे अब तक हमारे इतने मुवाफ़िक़ कभी नहीं रहे। फ़तेह हमारी होगी। सभी नौ (9) ग्रहों को राज़ी कर लिया गया है और आठों सिम्तों के मुहाफ़िज़ों को भेंट चढ़ा दी गई है।

टीपू सुल्तान : शुक्रिया पूर्णैया। सितारों को भी मुवाफ़िक़ रखना ज़रूरी है। जब तुम और मीर सादिक़ मेरे पास हो, तो मुझे डरने की ज़रूरत नहीं। हमें सबसे पहले अपनी नई फ्रांसीसी तोपों को चलाकर देखना चाहिए।

पूर्णैया : मैंने तोपों के माहिर से बात की है। उसका कहना है कि तोपें सही निशाने पर वार कर रही हैं। और आपकी तैयार की हुई वो छोटी-छोटी बारूदी तोपें भी तो हैं, वो बहुत दूर तक वार करने की सलाहियत रखती हैं। हम अंग्रेज़ों को बड़ी दूर से ही तहस-नहस कर देंगे।

मीर सादिक़ : *(ख़ुशी से दाख़िल होता है)* सुल्तान! सुल्तान! ऐसी ख़बर लाया हूँ कि यक़ीन नहीं होता। ख़ुशी के मारे

कुछ कह नहीं पा रहा हूँ। समझ नहीं आ रहा है, कहाँ से शुरू करूँ। ख़ुदा भी हम पर मेहरबान है।

टीपू सुल्तान : सारी तारीफ़ें अल्लाह की हैं। बताओ तो बात क्या है?

मीर सादिक़ : निज़ाम ने ये पैग़ाम भेजा है। पढ़ रहा हूँ।

टीपू सुल्तान : जो भी है, मुद्दे की बात बताओ। इतना वक़्त नहीं है ज़ाया करने के लिए।

मीर सादिक़ : निज़ाम का कहना है कि उन्हें देर से पता चला कि अंग्रेजों का साथ देना बेवकूफ़ी है। अंग्रेज़ों की चाल समझ गए हैं वो। अगर ख़ुदा-न-ख़्वास्ता सुल्तान की शिकस्त हो गई तो अंग्रेज़ों का अगला निशाना निज़ाम होंगे।

टीपू सुल्तान : यक़ीनन। यही बात तो पिछले सोलह सालों से उस बेवकूफ़ को समझाने की कोशिश कर रहा हूँ। ख़ैर, देर ही सही, अक़्ल तो आई।

मीर सादिक़ : मराठों ने भी हमारे साथ मिलकर जंग लड़ने का फ़ैसला किया है।

टीपू सुल्तान : क्या कह रहे हो? कहीं मैं ख़्वाब तो नहीं देख रहा हूँ?

मीर सादिक़ : सुल्तान! क़िलेदार नदीम ख़ान आए हैं। क्या ख़बर है नदीम ख़ान साब?

नदीम ख़ान : ख़बर तो ख़ुदा की मेहरबानियों की है, सुल्तान! हरिपंत फडके बाहर खड़े हैं। दाख़िले की इजाज़त चाहते हैं। क्या उन्हें अन्दर ले आऊँ?

क़मरुद्दीन : *(दाख़िल होते हुए)* सुल्तान!

टीपू सुल्तान : *(ग़ुस्से से)* हाँ, सिपहसालार, आपको तो यहाँ नहीं बल्कि मैदाने जंग में...

क़मरुद्दीन : सुल्तान! अभी-अभी मैंने अपनी आँखों से एक ऐसा मंज़र देखा है कि मेरी आनेवाली नस्लें भी इसको बताने में फ़ख़्र महसूस करेंगी।

टीपू सुल्तान : क्या है वो? नुक़्ते पर आओ।

क़मरुद्दीन : अंग्रेज़ अपनी फ़ौजें वापस ले रहे हैं। हालात उनकी समझ से बाहर होते जा रहे हैं। सुल्तान, मैंने अंग्रेज़ जनरल को बाज़ार में औरतों की तरह लड़ते देखा है। आपे से बाहर हो रहे हैं सब।

[जो लोग मौजूद हैं, तालियाँ बजाते हैं।]

शोरग़ुल : मुबारक हो! शुकर है अल्लाह का, हम कामयाब हो गए!

फ़तेह हैदर : अब्बू, अब्बू, चलिए, हमला बोलते हैं। इस मर्तबा हम अंग्रेज़ों को भागने नहीं देंगे।

टीपू सुल्तान : तुम तो अपने दादा पर गए हो। वो हमेशा आगे बढ़कर हमला बोलने पर यक़ीन रखते थे।

फ़तेह हैदर : तो क्या हम उन पर टूट पड़ें?

टीपू सुल्तान : नहीं, आज नहीं। आज जश्न मनाएँगे। हम इबादत करेंगे और ख़ुदा का शुक्र अदा करेंगे। अब, जब कि मराठा और निज़ाम हमारे साथ मिल गए हैं, हम कभी भी अंग्रेज़ों को समन्दर तक भगाकर धकेल फेंक आएँगे।

[सब हँसते हैं।]

आप सबका शुक्रिया। हमने अंग्रेज़ों को आगे बढ़ने नहीं दिया, भगा डाला।

पूर्णैया : सुल्तान! हमने तो कुछ किया ही नहीं। आपकी रहनुमाई और दूरअन्देशी। आपने जो मुस्तक़बिल के ख़्वाब हमें दिखाए, ये उसी का नतीजा है।

अब्दुल ख़ालिक़ : *(अन्दर आते हुए)* अब्बू! माँ ने कहा है, जो गुलाब का पौधा आपको पेगु के राजा ने भेजा था, वो फलने-फूलने लगा है। वो चाहती हैं कि आप आकर देखें।

टीपू सुल्तान : मुईज़ुद्दीन, फ़तेह हैदर, अब्दुल ख़ालिक़ सभी औरतों को ज़नाना कमरे से बुलाओ और उनसे कहो कि क़िले की बुर्जियों पर चढ़कर देखें कि किस तरह अंग्रेज़ दुम दबाकर भाग रहे हैं। चलो, हम सब मिलकर एक नई सुबह देखें, फिर बग़ीचे जाकर पेगु गुलाब को खिलता देखें।

सभी मिलकर : सुल्तान उम्रदराज़ हों! अल्लाह का शुक्र है। सुल्तान को फ़तेह मुबारक हो!

[तालियाँ बजती हैं। संगीत की धुनें अपनी ऊँचाई पर पहुँचकर अचानक थम जाती हैं।]

[एक तवील ख़ामोशी]

दृश्य-14 समाप्त

दृश्य-15

किरमानी : ये टीपू का आख़िरी ख़्वाब था। उसी दोपहर को वो मैदाने जंग में शहीद हो गए।

मीर सादिक़ का अमल इस क़दर गंदी साज़िशों से खुलेआम नज़र आ रहा था कि खुद फ़ौजियों ने उस की बोटी-बोटी कर दी।

नदीम ख़ान क़िलेदार ने जैसे ही अंग्रेज़ों को हमला करते देखा, उसी वक़्त अपनी फ़ौज को बुलाकर तनख़्वाहें बाँटनी शुरू कर दीं। इस तरह फ़ौजियों को मैदाने-जंग से हटा लिया।

पूर्णैया ने बिना झिझके हुकूमत में वज़ीरे-आज़म का ओहदा ले लिया। क़मरुद्दीन भी पूर्णैया के साथ हो लिया।

इस तरह सेरिंगापटम की जंग शुरू होने से पहले ही हारी जा चुकी थी।

[पसमंज़र में शेरों के गरजने की आवाज़ें। फिर गोलियाँ दाग़ने की आवाज़ और ख़ामोशी।]

मेकेंज़ी : इस तरह महल के शेर मार दिये गए, और मशीनी शेर को लन्दन भेज दिया गया।

[रिचर्ड वेलेस्ली के पीछे-पीछे ऑर्थर वेलेस्ली भी दाख़िल होता है।]

रिचर्ड वेलेस्ली जो मॉर्निंगटन का अर्ल था, और ईस्ट इंडीज़ में ब्रिटिश की जायदादों का गवर्नर जनरल भी था, उसने ऑनरेबल ईस्ट इंडिया कम्पनी के बोर्ड ऑफ डाइरेक्टर्स को ख़त लिखा।

मॉर्निंगटन : जब कि मारे गए इस सुल्तान की क़िस्मत पर दुख और अफ़सोस होता है। लेकिन साथ-साथ हिन्दुस्तान के दिगर हुकुमरानों को ये भी मालूम होना चाहिए के ग़ैर-मुल्की फौज को बुला भेजने का क्या हश्र होता है। ख़ासकर अंग्रेज़ हुकूमत के ख़िलाफ़।

मेकेंज़ी : सेरिंगापटम के कमांडर ऑर्थर वेलेस्ली को ज़ोरदार तरक़्क़ी देकर उसे नेपोलियन का फ़तेह क़रार देकर 'ड्यूक ऑफ़ वेलिंगटन' का ख़िताब दिया गया। इसके बाद ऑर्थर वेलेस्ली को इंग्लैंड का वज़ीरे-आज़म बनाया गया।

[रिचर्ड वेलेस्ली, ऑर्थर वेलेस्ली को मुबारकबाद देता है। दोनों एक-दूसरे से ख़ुश होकर वापस जाते हैं।]

टीपू सुल्तान के बेटों को सेरिंगापटम से निकालकर कलकत्ता भेज दिया गया, ताकि उन पर निगरानी रखी जा सके।

[विराम]

और बीस साल के अन्दर, अंग्रेज़ों ने मराठा हुकूमत को फ़तेह कर लिया।

किरमानी : ये टीपू के ख़्वाब नहीं थे, बल्कि उनकी पेशीनगोई थी, जो सच साबित हुई।

[विराम]

पसमंज़र में

आवाज़ : जब सन् 1947 में हिन्दुस्तान आज़ाद हुआ तो आज़ाद हिन्दुस्तान की सरकार ने राजा-महाराजाओं के ख़ानदानवालों को, जो अंग्रेज़ों के आगे घुटने टेकते थे, वज़ीफों की मोटी-मोटी रक़म से नवाज़ा गया। जब कि टीपू की औलादों को कलकत्ता की गली-कूचों में सड़ने छोड़ दिया गया।

दृश्य-15 समाप्त

परिशिष्ट

दकनी दृश्य : 06, 10

[इस नाटक में कुछ ऐसे दृश्य हैं जहाँ टीपू सुल्तान अपनी पत्नी, पिता और बच्चों के साथ बात करते हैं। उन दृश्यों में हमने दकनी उर्दू लहज़े का प्रयोग किया है। वो इसलिए कि टीपू सुल्तान बैंगरलौर के नज़दीक एक छोटे से गाँव देवनहल्ली में पैदा हुए थे। जहाँ तक हो सका, हमने उस इलाक़े के लहज़े को दृश्य अंक 6 और 10 में इस्तेमाल किया है, जो निम्नलिखित है।]

दृश्य 6 (दकनी लहजे में)

[टीपू के महल का ज़नानख़ाना। टीपू रुक़ैया बानो के बिस्तर पर अकेले बैठे हैं और जो खेल-तमाशा हो रहा है, उसे देखते हुए मुस्कुरा रहे हैं। स्टेज से बाहर हमें एक मशीनी शेर की ग़ुर्राहट और एक गुड़िया की इनसानों जैसी चीख़ सुनाई पड़ती है। आवाज़ हू-ब-हू शेर और इनसान की है। लेकिन जल्द ही लड़कों का बेसाख़्ता हँसना इस डरावनी कैफ़ियत को ख़त्म कर देता है।]

रुक़ैया बानो : *(स्टेज से बाहर हँसते हुए)* इसके बाद क्या सोचिंगें?

मुइज़ुद्दीन : *(स्टेज से बाहर)* हौर एक बार खेलूँ क्या मंइ?

रुक़ैया बानो : *(स्टेज से बाहर)* बहुत हो गया मुइज़ुद्दीन, ये भौत ख़तरनाक खिलौना है।

मुइज़ुद्दीन : *(स्टेज से बाहर)* एकिच बार। देयो ना। देयो ना।

टीपू सुल्तान : देयो ना जी खेलने, तुमें कइकू रोक रीं ?

[एक बार और ग़ुर्राने और चीख़ने की आवाज़ जिसमें शहज़ादों की ख़ुशी की चीख़ मिली हुई है। रुक़ैया बानो अन्दर दाख़िल होकर पलंग पर लेट जाती हैं। उनकी तबीयत ठीक नहीं लग रही है। अब्दुल ख़ालिक़ अन्दर आता है और माँ के क़रीब बैठता है। मुइज़ुद्दीन और फ़तेह हैदर स्टेज के बाहर हैं।]

मुइज़ुद्दीन : *(स्टेज के बाहर से)* ये तो एकदम असली है। डरोना।

फ़तेह हैदर : इसमें ज़र्रा तो बी ख़ून रहता, तो ये अबी डरोना लगता, नइं ?

रुक़ैया बानो : चुपके बैठो फ़तेह। तुमें इदर आव, ये खिलौना वैसिच भौत डरोना है, तुमें ऐसे ख़तरनाक चीज़ां कइ कू मंगातीं ? मंजे ज़र्रा बी पसन्द नइं।

टीपू सुल्तान : जब मैं इनकी उम्राँ का था तो मंजे ख़ून के होलयाँ खेलना पड़्या था। तुमें इनकू भौत नाज़ुक बनाको छोड़ीं।

अब्दुल ख़ालिक़ : अम्मीं, अपे बीइन खिलौन्याँ से खेल को हस रे थे न ?

टीपू सुल्तान : हौ क्या बेटे, अच्छा ?

रुक़ैया बानो : यइच मंजे पसन्द नइं। जब एक अदमी कू शेर नोच-फाड़ को खा रयाय मइं वाँह खड़ले कू देखले को रहौं। नइं बा मंजे नइं होता। तो फिर मइं ये कइकू देखूँ जब एक शेर जैसा खिलोना एक अदमी पो हमला कर्रायनक्को बा देखने कू नइं होता ?

[फ़तेह हैदर और मुइज़ुद्दीन बड़ी ख़ुशी से अन्दर दाखिल होते हैं।]

फ़तेह हैदर : अम्मीं, ये देखो तो मशीन का कमाल! बिलकुल असली, एक दम ज़िन्दा!

टीपू सुल्तान : फ्रांसीसियाँ ऐसे चिज़ाँ बानाने में माहिर हैं।

फ़तेह हैदर : अब्बू, क्या हमारे कारिगराँ ऐसे चीज़ाँ नइं बना सकते?

टीपू सुल्तान : हौ बेटा। असल में मैं चनपटना के खिलोने बानानेवाले कारीगराँ कू पूछ्याबी था। बाद में फ्रांसीसियाँ कू बनाने बोल्या। मालूम है, हमारे कारीगराँ क्या जवाब दिये? उनों बोले, हमारी पुरानी रिवायत ख़ाली ख़ूबसूरत चीज़ाँ बनानें के वास्ते है। ऐसे डरोनी चीज़ाँ बाहरवाले ग़ैर मुल्कियाँकुच अच्छे लगते, उनोच बनाते सो।

[रुक़ैया बानो, टीपू के साथ मिलकर हँसती हैं।]

उनकी हिम्मत तो देखो! मइंये बंजर ज़मीन कू शीशे के आले, मौसिक़ि के बाजे हौर लकड़ी के खिलौने बनाने का गढ़ बनाया। अब वो हनाच ख़ूबसूरती के सब क़ाँ सिखारीं देखो।

रुक़ैया बानो : उनों अच्छाच बोले, मैं तो ये बोलतूँ के ऐसाच सोंचनेवाले अबी ज़रे लोगाँ तुमारे सात रहै तो हौर बी अच्छा।

मुइज़ुद्दीन : अब्बू! ये अदमी जिस पो शेर हमला करराय, क्या इनें अंग्रेज़ है?

टीपू सुल्तान : हौ बेटा, सइ पच्हाने, वो अंग्रेज़िच है।

मुईज़ुद्दीन : क्या इस वास्तेच फ्रांसीसियाँ अंग्रेज़ाँ कु पसन्द नइं करते।

टीपू सुल्तान : हौर मैं बी उनकू पसन्द नइं करता।

रुक़ैया बानो : उनों तुमनाँ पसन्द नइं करते।

टीपू सुल्तान : हौ, बराबर बोले। *(बच्चों से)* सुनों एक बात बोलतूँ। मेरी पुरी ज़िन्दगी में दो उस्तादाँ आय—एक, मेरे अब्बा जो मंजे जंग लड़ना सिखाय हौर दुस्रे, अंग्रेज़ाँ जिनसे मइं कारोबार सिक्या। उनसे मंजे ये मालूम हुवा अब ऊँटाँ का ज़माना ख़तम, अब तो ज़माना है समन्दर में जहाज़ाँ चलाने का। अब देखो, अंग्रेज़ाँ मेरे सेच नफ़रत करतीं मइं इनका यत्ता हुशार शागिर्द कैसा बन गया बोलको!

रुक़ैया बानो : हौ जी, अब उनों तुमारे पीच्छे कइकू पड़ गइं?

टीपू सुल्तान : क्या है कि मालुम नइं। मइं तो मद्रास में अंग्रेज़ गवर्नर से बोल्याबि था के उनों अपने नुमाइन्दयाँ कू यहैंइच भेज देयौ बोलको। उनों लोगाँ आ गए तो हमारे बीच के बुराज़गियाँ दूर कर सकतीं। पर उनों आनेच तैयार नइं हीं। उनकु डर है के वो दूसरे हिन्दुस्तानी राजायाँ की नज़र में गिर जएँगे बोलको।

रुक़ैया बानो : तुमें उनसे ऐसे उम्मीदाँच कइकू करतीं के उनों ऐसे अदमी कु पसन्द करिंगे जो ऐसे डरोनी खिलौनयाँ से खेलताय।

टीपू सुल्तान : उनके पास इससे बी अच्छी वजे है। एक बार वो लोगाँ मेरे दरबार में अंग्रेज़ रेसिडेंट रखतुँ बोले तो मैं मानया नइं था।

मुइज़ुद्दीन : क्या मइं उससे खेलना अम्मी?

रुक़ैया बानो : नक्को बेटा, अब नक्को। मइं भौत थक गइं यूँ। ज़र्रा आड़े पड़तूँ।

टीपू सुल्तान : लेट जाओ। हौर एक तकिया लगा लेयो। फ़तेह हैदर, जावये खिलोने कु दीवाने आम में रख

दालो, जल्दी, नइं तो तुमारी अम्मी इसकू गोली मार दालती देखो।

फ़तेह हैदर : *(हँसते हुए)* हौ अब्बू!

टीपू सुल्तान : अब्दुल ख़ालिक़, क्या तुमें एक शहज़ादे के जैसा नइं बैठ सकते? तुमारी अम्मी कु आराम करने देयो। तुमें जब देखो, उनके बिछोने में घुसलेको सोते रहतीं। ऐसा नइं करना बेटे!

रुक़ैया बानो : रहन्दे, सोने देयो ना। मेरा बच्चा है ये, आव बेटे!

टीपू सुल्तान : लाडाँ में बिगाड़ दालीं। बच्चइच है अबी बी। देखो ज़रा मुइज़ कु देखो, वो तुमारे से छोटा है पर अम्मा की गोद से चिप्कलेको नइं रहता।

रुक़ैया बानो : बस-बस, अब चुपके रहौ। अव्वल तुमें बच्चयाँ के साथ वक़त नइं गुज़ारते, जब देखो डराते रहतीं। आव, बैठो यहाँ, ज़रा दम लेव। तुमें उनके अब्बु, सरकारे ख़ुदादाद नइं समजे, जब देखो, जल्दी-जल्दी। बैठो ज़रा अल्ला के वासते।

टीपू सुल्तान : देखो, ये ज़मीन हामारी है। यहाँ अल्ला का दिया सोब कुछ है। सारी दुनिया की नज़र हमारी ज़मीन पो है। क्या हमें ग़ैरमुल्कियाँ कुआको लूटने देना? नइं। यहाँ देखे तो हमारी रियासत का हर राजा अफीम के नशे में धुत है। नशीले ख़्वाबाँ देख राय। पर याद रखना, एक दिन उनो अपने नशे से जागिंगे हौर यूरोपियाँ कु यहाँ से भगा दालिंगे। इस वासते उनके पास यहाँ की ज़मीन से फ़ाइदा उठाने का एकिच रसता है के उनों यहाँ के हुकुमरानाँ बनको राज करना करको। अब तो बात यहाँ तक पउंच गइये—अब या तो उनो रहैंगे या हमें।

तुमें इसकी फ़िकिर छोड़ो, ख़ाली आराम करो। हकीम साब तुमना दवा देने आरीं। तुमें ये सोब छोटे-छोटे बाताँ दिल कु लगा लेयोनक्को, महल में भौत लोगाँ हैं काम करने के वासते। तुमें अपना ख़याल रखो बेगम।

रुक़ैया बानो : नइं जी, मंजे इसकी फ़िकिरिच नइं। मंजे तुमारी फ़िकिर भौत है।

टीपू सुल्तान : मैं अंग्रेज़ाँ हौर निज़ाम कु ऐसा सबक़ सिकऊँगा कि उनों ज़िन्दगी भर याद रखना।

रुक़ैया बानो : की वो तुमना मराठयाँ की भौत फ़िकिर है?

टीपू सुल्तान : हौ। महाडजी शिन्दे अंग्रेज़ाँ कु खूब अच्छा समझतीं। खाली पुना के मराठे बेभरोसा और बात के पक्के नइं हीं। पर मंजे उनकी ज़रूरत है, हौर इसके वासते मइं उनसे अमन बनाको रखिऊँ। जब तक उनो इस लड़ाई से दूर है तब तक। हौर मइं उनका वो इलाक़ा बी वापस कर दाल्या जो मइं उनसे हासिल करया था। मंजे अब फ़िकिरिचनइं।

हसीना : *(अन्दर आते हुए)* अल्ला मियाँ तुमारी हिफ़ाज़त करेंदे सरकार! इज़्ज़ते माब मीर सादिक़ साब पुने से वकीलाँ के साथ वापिस आको हैं।

टीपू सुल्तान : ये देखो, अब्बिच हमें मराठयाँ की बात कर रे थे हौर हमारे वकीलाँ पूना से वापिस आगयीइं! ये अच्छा नइं हुवा। जानदे ये सोब अल्ला की मर्ज़ी तुमें अपना ख़याल रखों बेगम। मइं जाको आतूँ।

[टीपू जाते हैं।]

मुइज़ुद्दीन : मैं भी अब्बू के सात जारूँ।

[मुइज़ भी जाता है।]

हसीना : बीबी। बीबी। पूरे महल में सोब के मुआँ पो ग़ुस्सा है।

रुक़ैया बानो : कईकू। क्या हुआ ?

हसीना : हमारे वकीलाँ कू पूने से भगा दालीं कते। अंग्रेज़ाँ अपनी मक्कारी की चाल चल को जीत गईं कते। हौर मराठे बी हमारे उप्पर हमला कररींकते।

अब्दुल ख़ालिक़ : कइकूं अम्मी ? वकीलाँ वापिस आगे तो हमारे वासते अच्छा नइं क्या ?

रुक़ैया बानो : अब क्या बी पूछो नक्को बेटे! मेरी साँस निकल जारिये, मंजे तो घबराट हो रिये। अल्ला करे के कोनसी बी मुसीबत हमारे उप्पर नइं आना।

[रुक़ैया की साँसें भर आती हैं। हसीना घबराकर पुकारती है।]

हसीना : बी बी! बी बी!

अब्दुल ख़ालिक़ : अम्मी! अम्मी! अम्मी कु क्या हुआ ?

हसीना : शहज़ादे बाबा, अपे अम्मी कने यहाँच ठैरो, मैं हकीम साब कु अब्बिच बुला लेको आतूँ। अपे देखते रहौ। *(हसीना दौड़कर बाहर जाती है।)*

[किरमानी और मेकेंज़ी]

मेकेंज़ी : सन् 1790 में लौर्ड कॉर्नवालिस ने मैसूर पर हमला किया। निज़ाम और मराठा ने भी उसी वक़्त एक साथ हमला किया। दो साल तक लगातार आमने-सामने लड़ाई चलती रही। कॉर्नवालिस सेरिंगापटम के क़िले तक पहुँच गया। फिर वह क़िले की दीवारों को देखकर हिम्मत हार गया, और दिल शिकस्ता होकर पीछे होने लगा। इस मुहिम के दौरान एक ऐसे

मुक़ाम पर पहुँचा जहाँ उसने अपने दोस्त बिशप ऑफ लिचफिल्ड को ख़त लिखा।

कॉर्नवालिस : *(अन्दर आते हुए)* मेरी हिम्मत अब जवाब दे रही है, और अगर मैंने टीपू पर जल्द ही फ़तेह हासिल न कर ली तो इस जंग के सबब फैल रहा ताऊप और दूसरी बीमारियाँ जल्द ही मुझे ख़तम करेंगी। *(कहकर चला जाता है)*

किरमानी : लेकिन वापस मुड़ते हुए अंग्रेज़ फ़ौज मराठा के साथ मिल गई क्योंकि इनके पास सप्लाई की कमी नहीं थी। फिर दोनों ने मिलकर सेरिंगापटम पर हमला किया। टीपू सुल्तान ने मजबूर होकर उनसे अमन तलब किया।

दृश्य-10 (दकनी लहजे में)

[टीपू अपने कपड़े उतारकर पत्थर के फर्श पर बैठकर हाथ में तसबीह लिये सूफ़ियाना ज़िक्र में बैठ जाते हैं। सूफ़ियाना कैफ़ियत, तारी होती है और वे रक़्स करने लगते हैं। जैसे-जैसे उनका रक़्स बढ़ता है, रौशनी कम होती जाती है। अँधेरे में एक धीमी-सी आवाज़ सुनाई देती है :]

आवाज़ : टीपू! टीपू!

टीपू सुल्तान : कौन हैं? क्या अब्बा हुज़ूर? अपे कब आए?

हैदर अली : हौ, मैं हूँ हैदर।

[रौशनी धीरे से खुलने लगती है। एक समाँ-सा बँधता है। टीपू अपने अतराफ़ बेक़ाबू होकर देखते हैं।]

टीपू सुल्तान : अब्बा, अपे काँ हीं?

हैदर अली : यहाँ! ये झाड़ के निच्चे।

टीपू सुल्तान : इस झाड़ के निच्चे? वहाँ कई कुलेटीं? क्या हुआ तुमना?

हैदर अली : टीपू, मैं माज़ूर हो गयूं। मेरे हाताँ-पावाँ कट गइं।

टीपू सुल्तान : तुमारे तो हाताँ-पावाँ दोनों सलामत हीं।

हैदर अली : टीपू, तुमें मंजे लंगड़ा-लुल्ला कर दालीं। मेरे हाताँ-पवाँ काट को दुश्मनाँ कु दे दालीं।

टीपू सुल्तान : हौ अब्बाजान, मइं ऐसाच करया? क्या अब तुमें मंजे सज़ा देने अइं क्या?

हैदर अली : कोन्सी सज़ाइस के बराबर हूँगी, अब तुमेच बताओ?

टीपू सुल्तान : मंजे नइं मालूम। तुमना याद रहैंगा, एक बार मइं तुमारी मुहिम बिगाड़ दाल्या था। तब तुमें कोड़े लेको मंजे यत्ता मारे, यत्ता मारे के मेरे आंग की चमड़ी छिल गई। आज बी वो कोड़ल्याँ के निशानाँ मेरी पीट पो हैं। यत्ते ख़राब निशानयाँ हैं, किसके बी साम्मे ख़मीज़ उतारने शरम आतिय। तुमारे हाथा-पावाँ काटना बोले तो इससे बी बड़ा गुना है।

हैदर अली : अब मइं तुमना मार बी नइं सकता। मेरे हाताँ कट जाको हैं।

टीपू सुल्तान : रहन्दे मइंच तुमारी तरफ़ से अपने कू कोड़े मार लेतूँ।

[टीपू ख़ुद को कोड़े मारते हैं।]

हैदर अली : घुमा-फिरा को बात करो नक्को। अड़लाव नक्को तुमें भौत नरम दिल हो गइंसो। तुमारा भौत सारा वख़त हिसाबाँ-किताबाँ में ख़रच रीं।

टीपू सुल्तान : तुमें अपनी सारी ज़िन्दगी घोड़े की पीट पो गुज़ार दाले। लगातार अपने लड़ायाँ में जीतते गय। तुमें जो बी हासिल करे, उसे मंजे संबाल को रखना है। ये सोब

कामाँ घोड़े की पीट पो नइं हो सकते। अंग्रेज़ाँ अब पैले से बीहौर मज़बूत हो गइं।

हैदर अली : इसमें ग़लती किसकी है?

टीपू सुल्तान : मइं अंग्रेज़ाँ से नफ़रत करतूँ। उनों मेरे से करतीं।

हैदर अली : तो फिर तुमें कॉर्नवालिस कू भागने कइकु दिये?

[कोई जवाब नहीं आता है टीपू से।]

जब उनें सेरिंगापटम से लाचार और शर्मिन्दा हो को भागरा था तो तुमारे अमीराँ हौर ख़ानाँ तुमारे कु उस के उप्पर हमला करने कुबोले। तुमें ख़ाली क़िले के बुरूज़ पो खड़को देख रेथे, क्या भी करे नइं।

टीपू सुल्तान : मइंसुन्द हो गा था।

हैदर अली : तुमें कॉर्नवालिस को हाथ से जानेच कइकू दिये?

टीपू सुल्तान : मंजे मालूम, अपेवाँ होते तो उसे काट-काट को ख़ीमा बना दालते, कतो मइं ज़र्रा ढुलमिला गया।

हैदर अली : तुमें उससे डर गइं सो।

टीपू सुल्तान : जर्रा बीनइं डरया। मइं अगर ज़र्रा बी डरया रहता तो क़त्लेआम का हुकम दे दालता। अब्बा, अक्सर मेरे साथ ऐसा होता मइं। अचानक मेरे में उन अंग्रेज़ाँ कु देखता, मंजे ऐसा लगता, ये सोब गोरी चमड़ीवाले सारी ज़मीन पो फ़ैलरीं जैसा, ये देखतेच मइं दंग हो जातूँ हौर सोंचने लगतूँ के ऐसी कोन सी बात है जो इन्होंउनों लोगां कू बेचैन करको रख दालतीं?

इनमें भौत से लोगाँ कम उमराँ के हैं मेरे फ़तेह की उमर के। ऐसी क्या बात है, यत्ते कम उमर के बच्चयाँ कु यत्ती दूर आको, अपनी जान की बी परवा नइं करे सर का बख़ाराँ, पेंचिशाँ हौर मौत के मू में जाने जथ्थे के जथ्थे भाग-भाग को यहाँ आते रहतीं? कबी

हिम्मत नइं हारतीं। यहाँ देखे तो मइं बी हिम्मत नइं हारता। कतो मइं अपने अदमियाँ से बड़ को उन पो भरोसा करतूँ। ऐसी कोनसी बात है जो उन्को अपनी जान की बी परवा नइं करे सर का यहाँ लेको अइये? क्या ये ज़र्रे कासाँ के वासते।

हैदर अली : अब तुमें एक बेपारी के जैसा सोंचने लगीं।

टीपू सुल्तान : *(गुस्से से)* नइं। अगर दौलत या सोने-चाँदी के सिक्कयाँ की बात रहती तो एक-दूसरे को धोका देते, लड़लेकू मरते। उनों लोगाँ अपन्याँ के ख़िलाफ़ कोनसी बी साज़िश कर को नइंहीं, ना पीट पीच्छे छुरा भोकतीं। वो अपनी नसल की ख़िसमत पोपूरा यख़ीन रखतीं। हमारे पास ऐसा यख़ीन कइकू नइं हे?

[विराम]

कॉर्नवालिस, जब हमारे क़िले कूचारो तरफ़ से घेर लेको था तब मंजे मालूम हुआ, मेरे भौत से अफ़सराँ छुप-छुपा को उनके साथ मिल गए थे। मंजे मालूम वो अफसराँ कोन हीं करको। उनों, उनोच जिन पो मैं भरोसा करतूँ। फिर बी मइं उनकू लंगा नइं कर सकया। ऐसा करना बोले तो मंजे पूरे राज़ाँ खोलना पड़ता। जब के मंजे उनकू ऐसा बोलना पड़या, ना सिर्फ़ तुमेंच मेरी हुकूमत के सच्चे सुतूनाँ, बल्के मइंहौर मेरा पूरा ख़ानदान बी उनकी वफ़ादारी पो भरोसा करता आया हौर ये उम्मीद करया जब मौख़ा आइंगा वो मेरी पीट पो छुरा नइं भोकिंगें।

मगर अंग्रेज़ाँ एक ऐसी चीज़ के वास्ते लड़तीं जिसका नाम है इंगल्याड। आख़िर ये इंगल्याड क्या चीज़ है?

ना तो ये कोनसा बी मज़हब है जिससे इनकू रूहानी ताक़त मिल्तीये, ना ये ऐसी कोनसी तो बी ज़मीन है जिससे इनकी रोज़ी-रोटी चल्तीये। अगर ऐसा होता तो वो लोगाँ यहाँ आतेच नइं थे। ये ख़ाली एक ख़ाब है जिसके वासते वो मरने हौर मारने पो उतर जातीं। इंगल्याड के बच्चे! हमारे ज़मीनाँ पो क़ब्ज़ा कर रीं, हौर यहाँ तक के हमारे बच्चयाँ कू बी छीन लेरीं। मेरे अपने बेटों कु।

[हैदर अली हँसते हैं।]

अब्बा, मइं इन लोगां कू ऐसा करने नइं दियुंगा। मइं तुमारे हाताँ-पावाँ तुमारे कु वापिस दिलऊँगा। अब्बा-जान! तुमें वापिस आ जाओ।

[स्टेज पर अँधेरा छा जाता है।]

दृश्य-10 समाप्त

दृश्य-14

[इसमें दकनी लहजे में बातचीत का सिर्फ़ एक हिस्सा है, जो बोल्ड अक्षरों में दिखाया गया है।]

[दीवाने-आम में टीपू के साथ बैठे हैं मीर सादिक़, पूर्णैया, क़मरुद्दीन और नदीम खान।]

टीपू सुल्तान : और अब उन्होंने बतौरे-ज़मानत मेरे चार बेटों को और मेरी आधी सल्तनत यानी उस आधी की आधी जो पिछली बार उन्होंने मेरे पास छोड़ी थी, वो रख ली है।

[विराम]

और अगले गवर्नर जनरल के आने तक मेरे पास सिर्फ़ आधी गली रह जाएगी और न मेरी कोई औलाद रहेगी मेरे पास।

[विराम]

तो क्या मैं इन शरायत को मंजूर कर लूँ?

[विराम]

पूर्णैया, ये मत कहना कि तुमने पहले भी मुझे आगाह किया था। मुझे पता है कि अंग्रेज़ों को मेरी फ्रांसीसियों के साथ दोस्ती पसन्द नहीं। तो क्या? क्या मैं अपनी बाक़ी सारी ज़िन्दगी अंग्रेज़ों के इशारों पर गुज़ारता? जब उन्होंने कहा, हँसो तो हँस दिया और डरा दिया तो डर गया? आज पूरे हिन्दुस्तान में मैं अकेला ऐसा हूँ जो उनके इशारों पर नहीं नाचता। इसीलिए वो मुझे कुचल देना चाहते हैं। मुझे बताया गया कि पूरे इंग्लिस्तान में मेरे बारे में तरह-तरह की कहानियाँ गढ़ी जा रही हैं और मुझे कैसे नेस्ताबूद किया जाए, उसके मंसूबे बना रहे हैं।

[विराम]

क्या मैं उन्हें ऐसा करने दूँगा?

[विराम]

अंग्रेज़ नामुमकिन शरायत खोजते रहते हैं और उम्मीद रखते हैं कि मैं ठुकरा दूँगा। और मैं चाहूँ तो उनके

शरायत को मानकर, उनके सारे मंसूबों को तार-तार कर सकता हूँ। क्या मैं दुम दबाकर उनके सारे शरायत मान लूँ?

मीर सादिक़ : नहीं! सुल्तान, हम अंग्रेज़ों को पानी पिलाकर ही छोड़ेंगे।

पूर्णैया : जब आपके मोहतरम वालिद साहब ने मुझे अपने साथ काम पर लिया तब मैं दूर-दराज़ के एक छोटे-से क़स्बे में एक अदना मुलाज़िम था। आज मैं जो कुछ भी हूँ, वो आपके ख़ानदान की मेहरबानियों की वजह से हूँ। सुल्तान, हम अंग्रेज़ों के आगे कभी घुटने नहीं टेकेंगे। हम उनके ख़िलाफ़ अपने आख़िरी दम तक लड़ेंगे, छोड़ेंगे नहीं।

टीपू सुल्तान : नदीम ख़ान, आप क्या कहते हैं?

नदीम ख़ान : बिना बताए हम पर हमला करके हमारे साथ चाल चली है। लेकिन सेरिंगापटम में घुसना नामुमकिन है। सुल्तान, जब तक मैं इस क़िले का मुहाफ़िज़ हूँ, मैं आपको यक़ीन दिलाता हूँ, अंग्रेज़ इस क़िले को फ़तह नहीं कर सकेंगे।

टीपू सुल्तान : शुक्रिया, शुक्रिया आप सबका। यही मैं आप सबसे सुनना चाहता था। पिछली बार की तरह इस बार मैंने आम बैठक नहीं बुलाई। मैं सिर्फ़ ये जानना चाहता था कि आप लोग क्या सोच रहे हैं। आप सब जानते हैं कि मैं और मेरे ख़ानदानवाले आप सब पर पूरी तरह एतमाद रखते हैं।

मीर सादिक़ : सुल्तान! आपके अलावा हमारा है भी कौन?

टीपू सुल्तान : मेरे लिए आपकी जुबान काफ़ी है। अगर आप सब एक होकर मेरे साथ रहें, तो यही मेरी ताक़त है।

क़मरुद्दीन और

पूर्णैया : हम सब आपके साथ हैं सुल्तान!

टीपू सुल्तान : *(हँसते हुए)* तो फिर जीत हमारी है।

आवाज़ें : इंशा अल्लाह!

पूर्णैया : सुल्तान! शृंगेरी मठ के शंकराचार्य ने यक़ीन दिलाया है कि वो आपका साथ देंगे।

टीपू सुल्तान : हम वाक़ई ख़ुशक़िस्मत हैं।

पूर्णैया : ये याद रखते हुए कि जब मराठों ने मठ पर हमला किया था, तब आपने उन्हें सहारा दिया था। स्वामी ने यक़ीन दिलाया है कि शारदा देवी का आशीर्वाद हमारे साथ है।

टीपू सुल्तान : हमें उनके आशीर्वाद की ज़रूरत है। हम महफ़ूज़ हैं।

[तवील ख़ामोशी। कोई नहीं जानता कि आगे क्या बोले। एक नौकर से :]

ताज्जुब है, आज बहादुर खान चुप क्यों हैं? तबीयत तो ठीक है उनकी?

नौकर : हाँ, सरकार, वो ठीक हैं। आराम फ़रमा रहे हैं।

टीपू सुल्तान : *(बेचैनी से)* कोई गुर्राहट भी नहीं!

[उठते हैं]

ठीक है, चलो, तैयारी करते हैं। फिर मिलेंगे।

[सब निकल जाते हैं। स्टेज पर अँधेरा होता है।]

किरमानी : अंग्रेज़ों ने सेरिंगापटम को चारों तरफ़ से घेर लिया है। 4 मई, 1799 की सुबह के सूरज की शोआएँ क़िले की बुर्जियों पर बिखरती हैं।

[टीपू की ख़्वाबगाह। दरवाज़े पर दस्तक। टीपू अपनी तलवार कमर पर कसते हुए आते हैं।]

टीपू सुल्तान : कौन हैं?

फ़तेह हैदर : *(बाहर से आवाज़)* अस्सलाम अलैकुम अब्बू जान। मइं हूँ फ़तेह हैदर क्या अपे तैयार हो गय?

[टीपू दरवाज़ा खोल कर, बेटे को आने देता है।]

टीपू सुल्तान : *(हँसते हुए)* वालैकुम अस्सलाम, कइकू? क्या जल्दी में हैं?

फ़तेह हैदर : हौ अब्बू। जल्दी करो। सिपहसालार क़मरुद्दीन बोल को भेजीं। वहाँ हमारे पूरे फ़ौजाँ जमा होकोहैं, हमले के वासते तय्यार खडीं।

टीपू सुल्तान : वाह! भौत ख़ूब। तुमना मालूम फ़तेह हैदर, मइं क्या कि तुमारे से एक साल छोटा रहया हुँगा, जब मइं मेरे अब्बा जान के सात जंग के मैदान में घोड़े पो बैट को दौडालेते निकलता था।

फ़तेह हैदर : मइं तो कब सेकि तैयार खड़ को हूँ।

टीपू सुल्तान : हौ। मालूम है। मालूम है। मालूमिचनै होता हमारे अपने बच्चे कब जवान हो जातीं। अब तुम खुचिद देख ल्यो।

[नोट : इसके बाद के सम्भाषण इस सीन के साधारण हिन्दी में रहेंगे।]

पूर्णैया : *(दाख़िल होते हुए)* सुल्तान! भगवान आपको फ़तेह दे। आमीन!

टीपू सुल्तान : पूर्णैया, नमस्कार। क्या ख़बर है?

पूर्णैया : मैं अभी-अभी रंगनाथ मन्दिर के बड़े नुजूमी से मिलकर आ रहा हूँ।

टीपू सुल्तान : और?

पूर्णैया : बता रहे थे सितारे अब तक हमारे इतने मुवाफ़िक़ कभी नहीं रहे। फ़तेह हमारी होगी। सभी नौ (9) ग्रहों को राज़ी कर लिया गया है और आठों सिम्तों के मुहाफ़िज़ों को भेंट चढ़ा दी गई है।

टीपू सुल्तान : शुक्रिया पूर्णैया। सितारों को भी मुवाफ़िक़ रखना ज़रूरी है। जब तुम और मीर सादिक़ मेरे पास हो, तो मुझे डरने की ज़रूरत नहीं। हमें सबसे पहले अपनी नई फ्रांसीसी तोपों को चलाकर देखना चाहिए।

पूर्णैया : मैंने तोपों के माहिर से बात की है। उसका कहना है कि तोपें सही निशाने पर वार कर रही हैं। और आपकी तैयार की हुई वो छोटी-छोटी बारूदी तोपें भी तो हैं, वो बहुत दूर तक वार करने की सलाहियत रखती हैं। हम अंग्रेज़ों को बड़ी दूर से ही तहस-नहस कर देंगे।

मीर सादिक़ : *(ख़ुशी से दाख़िल होता है)* सुल्तान! सुल्तान! ऐसी ख़बर लाया हूँ कि यक़ीन नहीं होता। ख़ुशी के मारे कुछ कह नहीं पा रहा हूँ। समझ नहीं आ रहा है, कहाँ से शुरू करूँ। ख़ुदा भी हम पर मेहरबान है।

टीपू सुल्तान : सारी तारीफ़ें अल्लाह की हैं। बताओ तो बात क्या है?

मीर सादिक़ : निज़ाम ने ये पैग़ाम भेजा है। पढ़ रहा हूँ।

टीपू सुल्तान : जो भी है, मुद्दे की बात बताओ। इतना वक़्त नहीं है ज़ाया करने के लिए।

मीर सादिक़ : निज़ाम का कहना है कि उन्हें देर से पता चला कि अंग्रेजों का साथ देना बेवकूफ़ी है। अंग्रेज़ों की चाल समझ गए हैं वो। अगर ख़ुदा-न-ख़्वास्ता सुल्तान की शिकस्त हो गई तो अंग्रेज़ों का अगला निशाना निज़ाम होंगे।

टीपू सुल्तान : यक़ीनन। यही बात तो पिछले सोलह सालों से उस बेवकूफ़ को समझाने की कोशिश कर रहा हूँ। ख़ैर, देर ही सही, अक़्ल तो आई।

मीर सादिक़ : मराठों ने भी हमारे साथ मिलकर जंग लड़ने का फ़ैसला किया है।

टीपू सुल्तान : क्या कह रहे हो? कहीं मैं ख़्वाब तो नहीं देख रहा हूँ?

मीर सादिक़ : सुल्तान! क़िलेदार नदीम ख़ान आए हैं। क्या ख़बर है नदीम ख़ान साब?

नदीम ख़ान : ख़बर तो ख़ुदा की मेहरबानियों की है, सुल्तान! हरिपंत फडके बाहर खड़े हैं। दाख़िले की इजाज़त चाहते हैं। क्या उन्हें अन्दर ले आऊँ?

क़मरुद्दीन : *(दाख़िल होते हुए)* सुल्तान!

टीपू सुल्तान : *(ग़ुस्से से)* हाँ, सिपहसालार, आपको तो यहाँ नहीं बल्कि मैदाने जंग में...

क़मरुद्दीन : सुल्तान! अभी-अभी मैंने अपनी आँखों से एक ऐसा मंज़र देखा है कि मेरी आनेवाली नस्लें भी इसको बताने में फ़ख़्र महसूस करेंगी।

टीपू सुल्तान : क्या है वो? नुक़्ते पर आओ।

क़मरुद्दीन : अंग्रेज़ अपनी फ़ौजें वापस ले रहे हैं। हालात उनकी समझ से बाहर होते जा रहे हैं। सुल्तान, मैंने अंग्रेज़

जनरल को बाज़ार में औरतों की तरह लड़ते देखा है। आपे से बाहर हो रहे हैं सब।

[जो लोग मौजूद हैं, तालियाँ बजाते हैं।]

शोरग़ुल : मुबारक हो! शुकर है अल्लाह का, हम कामयाब हो गए!

फ़तेह हैदर : अब्बू, अब्बू, चलिए, हमला बोलते हैं। इस मर्तबा हम अंग्रेज़ों को भागने नहीं देंगे।

टीपू सुल्तान : तुम तो अपने दादा पर गए हो। वो हमेशा आगे बढ़कर हमला बोलने पर यक़ीन रखते थे।

फ़तेह हैदर : तो क्या हम उन पर टूट पड़ें?

टीपू सुल्तान : नहीं, आज नहीं। आज जश्न मनाएँगे। हम इबादत करेंगे और ख़ुदा का शुक्र अदा करेंगे। अब, जब कि मराठा और निज़ाम हमारे साथ मिल गए हैं, हम कभी भी अंग्रेज़ों को समन्दर तक भगाकर धकेल फेंक आएँगे।

[सब हँसते हैं।]

आप सबका शुक्रिया। हमने अंग्रेज़ों को आगे बढ़ने नहीं दिया, भगा डाला।

पूर्णैया : सुल्तान! हमने तो कुछ किया ही नहीं। आपकी रहनुमाई और दूरअन्देशी। आपने जो मुस्तक़बिल के ख़्वाब हमें दिखाए, ये उसी का नतीजा है।

अब्दुल ख़ालिक़ : *(अन्दर आते हुए)* अब्बू! माँ ने कहा है, जो गुलाब का पौधा आपको पेगु के राजा ने भेजा था, वो फलने-फूलने लगा है। वो चाहती हैं कि आप आकर देखें।

टीपू सुल्तान : मुईज़ुद्दीन, फ़तेह हैदर, अब्दुल ख़ालिक़ सभी औरतों को ज़नाना कमरे से बुलाओ और उनसे कहो कि क़िले की बुर्जियों पर चढ़कर देखें कि किस तरह अंग्रेज़ दुम दबाकर भाग रहे हैं। चलो, हम सब मिलकर एक नई सुबह देखें, फिर बग़ीचे जाकर पेगु गुलाब को खिलता देखें।

सभी मिलकर : सुल्तान उम्रदराज़ हों! अल्लाह का शुक्र है। सुल्तान को फ़तेह मुबारक हो!

[तालियाँ बजती हैं। संगीत की धुनें अपनी ऊँचाई पर पहुँचकर अचानक थम जाती हैं।]

[एक तवील ख़ामोशी]

○○○